DEUTSCHE TEXTE

19

DICHTUNGSTHEORIEN
DER AUFKLÄRUNG

HERAUSGEGEBEN
VON
HENNING BOETIUS

MAX NIEMEYER VERLAG TÜBINGEN
1971

In den *Deutschen Texten* werden poetische, kritische und theoretische Texte aus dem gesamten Bereich der deutschen Literatur bis zur Gegenwart sowie dazugehörige Materialien und Dokumente veröffentlicht. Die Wahl der Themen, die Zusammenstellung der Texte und die Anlage der Bände entsprechen der Zielsetzung der Reihe: die *Deutschen Texte* sind für den Unterricht in Literaturgeschichte und Literaturwissenschaft an den Universitäten und den höheren Schulen bestimmt.

Redaktion der Reihe: Lothar Rotsch

ISBN 3 484 19018 3

© Max Niemeyer Verlag Tübingen 1971
Alle Rechte vorbehalten. Printed in Germany
Herstellung: Bücherdruck Helms KG Tübingen
Einband von Heinr. Koch Tübingen

INHALTSVERZEICHNIS

1 CHRISTIAN THOMASIUS: Von Nachahmung der Franzosen, 1687. (In: Deutsche Litteraturdenkmale des 18. und 19. Jahrhunderts, hg. von August Sauer, Stuttgart 1894, S. 3–12, 31–36)

Meine Herren

Es ist kein Zweiffel, und schon von vielen angemercket worden, daß wenn unsere Vorfahren die alten Teutschen anitzo auferstehen und in Teutschland kommen solten, ihnen im geringsten nicht düncken würde, daß sie in ihren Vaterlande und bey ihren Landsleuten wären, sondern sie würden sich vielmehr einbilden, daß sie in einem frembden Lande bey unbekanten und gantz andern Menschen sich aufhielten; so grosse Enderungen sind, ich will nicht sagen, in tausend, sondern nur in etlichen hundert Jahren darinnen fürgegangen, unter welchen nicht die geringste ist, daß da für diesem die Frantzosen bey den Teutschen in keine sonderliche Hochachtung kommen, heut zu Tage alles bey uns Frantzösisch seyn muß. Frantzösische Kleider, Frantzösische Speisen, Frantzösischer Haußrath, Frantzösische Sprachen, Frantzösische Sitten, Frantzösische Sünden ja gar Frantzösische Kranckheiten sind durchgehends im Schwange. Solten wir uns nun nicht billig schämen (so wir ja nichts anders bedencken wolten) daß wenn unsere Vorfahren einen Blick in die ietzige Welt thun solten, sie an statt ihres gleichen in Teutschland anzutreffen dasselbige mit teutschen Frantz-Männern besetzet finden würden, welche von denen uralten Gebräuchen so gar abgewichen sind, daß von selbigen fast nicht das geringste mehr, welches uns von den vorigen eine Anzeigung geben könte, übrig blieben; ich meine ja sie würden uns als unechte Kinder und Bastardte anspeyen, und uns eher mit unsern Frantzösischen Bärtgen für feige und weibische Memmen als ansehnliche wackere Männer achten; ich meine sie würden uns entweder einen derben und nachdrücklichen Verweiß geben; oder aber uns nicht einmahl ihres Zorns würdig achtende mit einen bittern Gelächter von sich stossen. Auff diese Weise pflegt man öffters von unserer heutigen Lebens-Art und Wandel zu urtheilen; aber meines Bedünckens, wenn man keine andere Ursachen wieder dieselbige fürbringen kan, möchte man wohl mit diesen in Ruhe stehen, und die guten alten Teutschen in ihren Gräbern ebenmäßig ruhen lassen. Es ist von Anfang der Welt in denen meisten Republiqven so hergegangen, daß die Sitten und Manieren zuleben sich hin und wieder verändert haben; eines einzelen Menschen Wille ist veränderlich, wie solten denn so viele Menschen, aus welchen das gemeine Wesen bestehet stets während einerley Lebens-Art behalten? Änderungen sind wohl ins gemein gefährlich, aber deswegen nicht allemahl zuverwerffen, weil man auch daß gute selten ohne Gefahr erhalten kan. Dannenhero ist ungereimbt, wenn man ein geändertes Leben bloß wegen der Änderung tadeln will ohne zusehen ob man das Gute mit bösen, oder dieses mit jenem verwechselt habe. Die alten Teutschen waren wegen eines und andern billig für uns zuloben; aber wer wolte leugnen, daß wir nicht auch in vielen Stucken einen mercklichen Vortheil für ihnen auffzuweisen hätten? Solte nun ein Teutscher von der Gattung wie sie uns Tacitus beschreibet, oder Dieterich von Berne der edle Held elende (wie ihn das so genante Helden-Buch zum öfftern betittelt) uns unsere Gebräuche durchhecheln wollen; so halte ich gäntzlich dafür, daß ihnen ängster werden solte, als dem alten Hildebrand gewesen, da ihn der Riese bey seinem Bart erwüschte und über die Achseln schleuderte. Meine Herrn, wenn sie etwan teutsche Bücher, so für ein baar hundert Jahren geschrieben worden, gelesen, und dabey die herrlichen Holtzschnitte bemercket haben; so stellen sie sich nur für, wenn einer der auff dieselbe altväterische Art gekleidet wäre, und den damahlen gebräuchlichen deutschen dialectum (z. e. Es was ein Jungmann, der was ein groß hoffierer der Maydt etc.) redete, und sich mit denen zu seiner Zeit gewöhnlichen Complimenten und Reverentzen nichts geringes zu seyn düncken liesse, uns itzo reformiren wolte, oder wenn M. Ortuinus Gratius und M. Irus Perlirus die großen Fackeln jener Zeit eine Visitation auff unsern hohen Schulen anstellen wolten; wer würde wohl so dann für der gantzen erbarn Welt auslachens würdig seyn? So halte ich auch gäntzlich dafür, daß die Nachahmung derer Frantzosen für sich selbst an uns ohne sonderbahre Ursache gescholten werden könne. Eine Nachahmung ist allezeit lobens würdig, wenn die Sache selbst nichts scheltwürdiges an sich hat, in Mitteldingen verdienet selbige weder Lob noch Tadel. Bey dieser Bewandnüß nun, gleich wie es mit denen Frantzösischen Sünden und Kranckheiten seine geweisete Wege hat, und kein Mensch solche vertheidigen wird; auch beyde nicht für uns, sondern jene für die Herrn Theologos gehören, diese aber denen Herren Medicis zu curiren gelassen werden müssen; also sind die Frantzösischen Kleider, Speisen, Haußrath, Sprachen und Sitten solche Dinge, welche wenn sie von Hoffarth, Üppigkeit Überfluß, närrischer Affectation und andern Lastern entfernt seyn, mit nichten als denen Göttlichen Gesetzen zu wieder ausgeruffen werden können; zum wenigsten würde es mir und meines gleichen als ein unzeitiger Eyfer ausgedeutet werden, wenn ich meine Herren von dem Frantzösischen Sprachmeister an des Schottelii teutsche Sprachen Schul, von dem Dantzmeister auff die Kirmessen, von unsern Mode Schneidern an einen Dorffstörer, oder von denen Köchen, so die Speise wohl zuzurichten wissen auff die altväterischen Sudelköche, die einen guten Hirsenbrey mit Biere und dergleichen Leckerbißlein aus denen alten Kochbüchern anrichten können, verweisen wolte. Ein weiser Mann so in der Welt leben muß, muß nicht allein das jenige, so nicht zu ändern ist, ohne murren mit Gedult ertragen, sondern auch vielmahlen was gutes zustifften und andere zugewinnen allen allerley werden, oder doch meistens auch das jenige, was leichtlich mißbraucht werden kan, sich wissen zu nutze zu machen und zum besten zukehren.

Derowegen sey es so, man ahme denen Frantzosen nach, denn sie sind doch heut zu tage die geschicktesten Leute, und wissen allen Sachen ein recht Leben zugeben. Sie verfertigen die Kleider wohl und beqvem, und ersinnen solche artige Moden, die nicht nur das Auge belustigen, sondern mit der Jahrszeit wohl übereinkommen. Sie wissen die Speisen so gut zu präpariren, daß so wohl der Geschmack als der Magen vergnüget wird. Ihr Haußrath ist reinlich und propre, ihre Sprache anmuthig und liebreitzend, und ihre ohnerzwungene ehrerbietige Freyheit ist geschickter sich in die Gemüther der Menschen einzuschleichen als eine affectirte bauerstolze gravität. Nichts desto weniger ist auch nicht zu leugnen, daß wenn man iemand, der hochgeachtet wird, nachahmen will, man sich in Kleinigkeiten, welche nichts zur Sache thun, nicht vertieffen muß, sondern das Hauptwerck ergründen, durch welches sich derjenige, so nachgeahmet wird, seine Hochachtung erworben. Männiglich lacht Bassianum aus, daß er mit aller Gewalt Alexander den grossen nachäffen wollen, so gar daß er den Kopff auff eine Seite zutragen sich angewehnet, und des ehrlichen Aristotelis Bücher mit grossen Leydwesen derer Herren Peripateticorum verbrennen lassen, weil man ihn berichtet, ob wäre Aristoteles mit ursach gewesen, daß dem Alexander mit Gifft vergeben worden; da er doch im übrigen nicht die geringste qvalität, krafft welcher Alexander sich den Namen des Großen verdienet, an sich gehabt. Ich weiß nicht, Meine Herrn, ob es uns nicht auch so gehe. Denn wie kommts doch, daß wan von uns Teutschen iemand in Franckreich reiset, ohnerachtet er propre gekleidet ist, und sehr geschickt von einen Frantzösischen Braten oder fricassé raisoniren kan, auch perfect parliret und seinen Reverentz so gut als ein leibhafftiger Frantzoß zumachen weiß, er dennoch gemeiniglich als ein einfältiges Schaff ausgelachet wird, da hingegen die Frantzosen, so zu uns herausser kommen durchgehends Liebe und Verwunderung an sich ziehen? Es kan nicht fehlen, wir müssen mit unserer Nachahmung das rechte pflöckgen nicht getroffen haben, und ist dannenhero hoch nöthig, wenn wir ihnen hinter die Künste kommen wollen, wodurch sie alle Welt ihnen Ehrerbietung zu bezeigen anlocken, daß wir der Sachen ein wenig reiffer nachdencken, ob wir den wahren Hauptzweck erreichen können.

Wie solten wir aber denselben besser erlangen, als wenn wir das jenige etwas genauer überlegen, welches die Frantzosen unter sich in hohen Werth halten, und derohalben die jenigen so damit begabt sind andern fürziehen. Sie machen viel wesens d'un honnète homme, d'un homme scavant, d'un bel esprit, d'un homme de bon goust, & d'un homme galant, welches alles solche Eigenschafften sind, so wohl verdienen, daß man sie nicht obenhin ansehe, noch vermeine, daß man es trefflich erfunden habe, wenn man nach unserer Redens-Art sagen wolte, sie erfoderten zu einem geschickten Menschen, daß er ein ehrlicher, gelehrter, verständiger, kluger und artiger Kopff sey, in ansehen die Frantzosen selbst diese Titel nicht allemahl auff gleiche Art gebrauchen. Zuvor so viel un honnète homme betrifft; halte ich wohl dafür, daß sie gemeiniglich einen ehrlichen und gerechten Mann dadurch verstehen, der niemand mit Vorsatz beleidiget oder vervortheilet, seyn gegebenes Wort genau beobachtet, denen dürfftigen, so seine Hülffe von nöthen haben, willig und gerne beyspringe, auch von seinen Guthaten nicht viel Wesens machet, noch dieselbe wieder vorrücket &c. und wird ohne Zweiffel des Farets Tractätgen welches er d'un honnête homme geschrieben dieses alles weiter erläutern; wie wohl jener Frantzose meinte, dieses wäre ein honnête homme der zu gleich eine Maitreße, einen verwirrten Proceß, und eine qverelle hätte, und sich bey allen dreyen wohl betrüge. So bemerken sie auch mit dem Titel Scavant einen Gelehrten, aber einen solchen, der mit schönen und den menschlichen Geschlecht nützlichen Wissenschafften gezieret ist, denn denjenigen, der im Gegentheil den Kopff voll unnöthige Grillen und Sophistereien hat, welche zu nichts nütz seyn, als die so dieselben lernen, bey der klugen Welt zu prostituiren, nennen sie Scavantas, welches fast dem klange nach mit unserm Wort phantast übereinkommt. So viel un bel esprit betrifft, muß man nicht meinen, daß mit diesem Titel die jenigen beleget werden sollen, welche in Gesellschafft einen lustigen Schwanck artig zu erzehlen oder aus dem steigreiff ein Verßgen oder Liedgen zu machen wissen, obschon ins gemein solche Leute für beaux esprits ausgeruffen werden, so gar, daß es bey denen Frantzosen fast dahin gekommen, daß verständige Leute sich es für eine Schande gehalten mit diesen Namen gerühmet zu werden. Le Pere Bouhours ein bekanter Jesuite hat die Eigenschafften, welche zu der wahrhafftigen Schönheit des Verstands eigendlich erfordert werden, weitläufftig beschrieben. Er machet dreyerley Arten derer Leute, die mit so einem schönen Geiste begabet sind, derer etliche fürnemlich vom studiren und der Gelehrsamkeit profession machen, etliche sich in täglicher conversation hauptsächlich beliebt zu machen wissen, etliche aber zu wichtigen Verrichtungen für andern gebrauchet werden können. Zu der ersten Art erfordert er, daß ein Gelehrter, so sich dieses Titels würdig machen will, einen Verstand haben müsse, qui soit solide, brillant, penetrant, delicat, fertile, juste, universel, clair & modeste; daß er geschickt sey alle Sachen wohl zu unterscheiden, und selbige wie sie an sich selbst sind zube-

trachten, nicht aber wie der gemeine Pöbel sich durch das eu-
serliche Ansehen betriegen zu lassen, oder durch all zu sub-
tiles nachsinnen sich eitele und vergebliche Einbildungen davon
zu machen, daß er nicht verdrießlich und mürrisch, sondern
lustig und lebhafft sey; das er die Grund-Regeln derer Wissenschafften wohl verstehe, auch dadurch die dunckelsten Fragen
entscheiden könne, und nicht an allen zweiffele, oder solche
Wahrheiten, so offenbahr und am Tage sind, durch unzeitiges
disputiren ümbzustossen suche; daß er seine Gedancken nicht
plump und unangenehm sondern mit guter manier und An-
muthigkeit fürzubringen wisse; daß er einen guten Vorrath
habe von fürfallenden Sachen häuffig und doch nicht ver-
schwenderisch zu raisonniren, und nicht seine locos communes
auff einmahl ausschütte, sondern denen jenigen sich vergleiche,
die reich und propre gekleidet sind, aber niemahls närrische
Unkosten auf ihre Kleidung wenden; daß er seine eigene Geschicklichkeit zu Marckte bringe, und sich mit anderer Gelehrten Gute nicht bereichere, oder seine Sachen mit nichts als
Sprüchelgen, die er aus denen alten und neuen Scribenten zusammen gesucht, ausschmücke; daß er in allen guten Wissenschafften bewandert sey; daß er seine Gedancken andern klar
und deutlich an Tag geben könne, und nicht so zweydeutig
oder dunckel rede, wie ehe dessen die Oracula, oder als wenn
er wolte lauter Rätzel auffzurathen geben; endlich daß er be-
scheiden sey und weder zu viel von sich prahle, noch sich affectirter Weise verberge. Nechst diesem setzet er die andere
Art des beaux esprits, so zwar nicht studiret, aber doch durch
eine lange Erfahrenheit und Conversation sich die Geschicklig-
keit zu wege bracht haben, daß sie wohl, leichte, und artig
in Gesellschaft reden, daß sie alles was man ihnen sagt, ge-
schwind und scharffsinnig beantworten, daß sie geschickte Fragen auffwerffen, lustige Histörgen erzehlen, mit Verstand
schertzen, in frölichen Gesellschafften anmuthig spotten, in
ernsthafften aber klug und weise raisonniren, und mit kurtzen
allerhand Gesellschafft belebt machen können, oder wenn dieselbe verdrißlich und schläfferig werden will, wieder auffzu-
munthern wissen. Zu der letzten und fürnehmsten Art erfordert er Leute, die gleichsam in Augenblick, wenn man ihnen eine Verrichtung vorstellet, alle Umstände derselben penetriren,

auch das jenige zuvor sehen, was daraus entstehen könne; die alsbald die Mittel und Wege erkennen, wodurch man auch das schwerste Vorhaben zu Werck richte, und alle Verhinderungen aus dem Wege räume; die sich auch nicht allzuviel Verhinderungen oder Zufälle vorstellen, welche zu nichts anders nütz sind, als die Menschen ohne Noth zag- und zweiffelhafftig zu machen. Le bon gout, gleichwie es eigentlich einen guten und subtilen Geschmack bedeutet, und dannenhero von solchen Leuten gebraucht wird, die nicht alleine das was gut schmeckt von andern gemeinen Speisen wol zu unterscheiden wissen, sondern auch geschwinde durch ihren scharffsinnigen Geschmack urtheilen können, woran es einem essen mangele; Also haben die Frantzosen nicht uneben dies Wort hernach figürlicher Weise von allen denen zubrauchen angefangen, die wohl und vernünfftig das Gute von den Bösen oder das artige von dem unartigen unterscheiden, daß also den Nahmen d'un homme de bon goust der jenige verdienet, der so viel die Sinnen betrifft, zum Exempel eine artige und geschickte Lieberey auszusuchen weiß, oder der sich lieber an einer anmutigen Laute oder wohlgestrichenen Violine als an den besten Brumeisen oder der zierlichsten Sackpfeiffe delectiret; so viel den Verstand anlanget, der mehr von Hoffmanns oder Caspars Poësie hält, als von Hanns Sachsens Reimen oder andern Meister-Gesängen, der Ciceronem, Cujacium, Grotium, Cartesium höher achtet, als die Scholasticos, Glossatores, Aristotelis Ethic, und Petri Lombardi libros sententiarum; so viel den Willen angehet, der eine vergnügliche und dem gemeinen wesen nützliche Lebens-Art einer verdrießlichen und pedantischen vorziehet; ja so viel endlich die Affecten und Gemüthsneigungen berühret, der zum Exempel ein galantes und liebreitzendes Frauenzimmer für eine alberne und närrische coquette sich zur liebsten wehlet. Aber ad propos was ist galant und ein galanter Mensch? dieses dürffte uns in Warheit mehr zuthun machen als alles vorige, zumahlen da dieses Wort bey uns Teutschen so gemein und so sehr gemißbrauchet worden, daß es von Hund und Katzen, von Pantoffeln, von Tisch und Bäncken, von Feder und Dinten, und ich weiß endlich nicht, ob nicht auch von Aepffel und Birn zum öfftern gesagt wird. So scheinet auch, als wenn die Frantzosen selbst nicht einig wären, worinnen eigentlich die wahrhafftige galanterie bestehe. Mademoiselle Scudery beschreibet dieselbige in einer absonderlichen conversation del'Air galant, als wenn es eine verborgene natürliche Eigenschafft wäre, durch welche man gleichsam wieder Willen gezwungen würde einem Menschen günstig und gewogen zu seyn, bey welcher Beschaffenheit dann die Galanterie, und das je ne scay qvoy wo von obgemelter Pere Bouhours ein gantzes Gespräch verfertiget, einerley wären. Ich aber halte meines bedünckens davor, daß Mons. Vaugelas und Mons. Costar die Eigenschafft der Galanterie ein wenig genauer und deutlicher beschrieben haben, daß es etwas gemischtes sey, so aus dem je ne scay qvoy, aus der guten Art etwas zuthun, aus der manier zu leben, so am Hoffe gebräuchlich ist, aus Verstand, Gelehrsamkeit, einen guten judicio, Höfflichkeit, und Freudigkeit zusammen gesetzet werde, und deme aller zwang, affectation, und unanständige Plumpheit zuwieder sey. Ja ich meine, daß ich nicht irren werde, wenn ich sage, daß bey denen Frantzosen die Galanterie und la Politesse eines sey und dannenhero zu bessern Verstand der Galanterie alles das jenige wohl verdiene gelesen zu werden, was rühmlich erwehnte Mademoiselle Scudery in einer andern conversation von der Politesse anmuthig und artig anführet. Denn daß sie daselbst vermeinet, wie die wahre Politesse darauff beruhe, daß man wohl und anständig zu leben, auch geschickt und zu rechter Zeit zu reden wisse, daß man seine Lebens-Art nach dem guten Gebrauch der vernünfftigen Welt richte, daß man niemands einige grob- und Unhöfflichkeit erweise, daß man denen Leuten niemals das jenige unter Augen sage, was man sich selbst nicht wolte gesagt haben, daß man in Gesellschafft das grosse Maul nicht allein habe, und andere kein Wort auf bringen lasse, daß man bey der Frauenzimmer nicht gar ohne Rede sitze als wenn man die Sprache verlohren hätte, oder das Frauenzimmer nicht eines Worts würdig achte; hingegen auch nicht allzu kühne sey, und sich mit selbigen, wie gar vielfältig geschiehet, zugemein mache; dieses alles sage ich, sind solche Eigenschafften, die zu einen galanten Menschen erfordert werden.

———

Endlich Le bon gout und die warhafftige galanterie betreffend, so pfleget man zwar insgemein nach Franckreich zu reisen, wenn man in diesen Eigenschafften sich vollkommen machen wil, und ist an dem, daß die Frantzosen hiervon profession machen. Aber wenn wir die Warheit sagen sollen, so könten wir diese gute Qualitäten auch bey uns antreffen, wenn wir uns nur von dem gemeinen Pöbel etwas absonderten, und nicht ein iedweder sich einbildete, daß er nach seiner eigenen impression galant genug wäre und le bon gout vollkommen besässe. Wie mancher junger Mensch, der erst ausfliegt, affectirt mit aller Gewalt für galant angesehen zu seyn, und seinen guten Verstand sehen zu lassen; Aber auff was Weise? Bald kleidet man sich auff die wunderlichste Art von der Welt, und dürffen unsere Schneider nur mit zwey Worten sagen: diese Mode komme nur gantz warm aus Franckreich, so ist es schon gut, wenn gleich die Frantzosen uns damit höchlich auslachen. Bald, wenn man studiren oder was nöthigers thun soll, verliebt man sich sterblich, und zwar zum öfftern in ein gut einfältig Buttes-Mägdgen, aus deren Augen man gleich sehen kan, daß eine Seele ohne Geist den Leib bewohne. Was gehen nun da für galanterien vor? Wie zutrampelt man sich vor dem Fenster, ob man die Ehre haben könne, die Jungfer, oder doch an deren statt die Magd oder die Katze zu grüssen? Wie viel verliebte Briefe, die man aus zehen Romans zusammen gesuchet hat, und die mit vielen flammenden und mit Pfeilen durchschossenen Hertzen bemahlet sind, werden da abgeschicket, gleich als ob man des guten Kindes affection damit bombardiren wolte? Wie lässet man sichs sauer werden, eine galante Nacht-Music zu bringen? Wie spielet man mit denen verliebten Minen überall, auch wohl in dem GOttes-Hause? Daß ja von denen galanten Histörgen iederman zusagen wisse, und auff den galanten Menschen mit Fingern weisen könne. Bald, wenn man seine galanterie in conversation sehen lassen wil, vermeynet man nicht besser fortzukommen, als wenn man nur fein viel rede, es möge sich schicken, wie es wolle, oder wenn man einem ieden in der Gesellschaft contradicire, und da kan es denn nicht fehlen, es müssen manchmal galante fauten mit unterlauffen, daß man zum Exempel aus Italien über die Alpes zu Wasser reiset, daß man aus Spanien unmittelbar in Pohlen kömmet, daß man bey Soldaten von der Philosophie, bey Gelehrten von der Fortification, beym Frauenzimmer von seinen Collegiis oder von der

Metaphysic schwatzet, oder daß man die gantze Gesellschaft mit seinen galanten disputiren verdrießlich macht, u. s. w. Jedoch es mangelt bey dem Frauenzimmer auch nicht an vielfältig affectirter Galanterey? Wie manche .... Aber, Meine Herren, hier hält meine Feder billig inne, und erinnert sich des Respects, welchen man diesem artigen Geschlecht schuldig ist. Man kan ihre Fehler wohl dencken und wissen, aber man muß sie nicht sagen, vielweniger davon schreiben; Denn dadurch würde man die Gräntzen der Höflichkeit überschreiten, und die Hochachtung, mit der man ihnen allezeit begegnen soll, höchlich beleidigen. Discret seyn ist ein nothwendiges Stücke der galanterie, und was würden wir also für Vortheil haben, wenn wir ihnen gleich in denen Stücken, worinnen sie wider die Regeln der Galanterie anstossen, die Warheit sagten, und doch eben in selbigem Augenblicke wider dieselbigen Gesetze sündigten. Wir müssen uns vielmehr befleißigen, die uns anklebende vielfältige Mängel zu bessern, um sie dadurch mit guter Art zu erinnern, auch an die änderung der ihrigen zu gedencken.

Derowegen, daß wir dereinst zum Schlusse kommen, bin ich der Meinung, daß wenn man ja denen Frantzosen nachahmen wil, man ihnen hierinnen nachahmen solle, daß man sich auf honnétete, Gelehrsamkeit, beauté d'esprit, un bon gout und galanterie befleißige; Denn wenn man diese Stücke alle zusammen setzt, wird endlich un parfait homme Sâge oder ein vollkommener weiser Mann daraus entstehen, den man in der Welt zu klugen und wichtigen Dingen brauchen kan. Gleichwie es aber nicht gescheide gehandelt ist, wenn man sich etwas zum Entzweck fürsetzet, und um die Mittel darzu zugelangen, sich nicht bekümmert, oder die Hand in Schoß leget, und für Faulheit dieselbe nicht brauchen wil; also ist wohl nöthig, daß wir uns nach denen mitteln umbthun, durch welche wir obberührte Eigenschafften erhalten und diese Nachahmung ins Werck richten können. Ich wil nicht leugnen, daß bey allen diesen Stücken ein gut naturell viel, auch in etlichen das meiste thue; Es wird aber auch hinwiederum niemand verneinen können, daß man der Natur durch Kunst mercklich forthelffen könne, die Kunst aber am füglichsten durch gewisse Grund-Regeln und maximen erlernet werde.

2   JOHANN JACOB BODMER: Die Discourse der Mahlern. (Erster Theil, Zürich 1721, XIX. Discours, ohne Seitenzahl; Zweyter Theil, Zürich 1722, VII. Discours, S. 49–53)

Eine Imagination die sich wol cultiviert hat, ist eines von den Haupt-Stücken, durch welche sich der gute Poet von dem gemeinen Sänger unterscheidet, massen die reiche und abändernde Dichtung, die ihr Leben und Wesen eintzig von der Imagination hat, die Poesie von der Prosa hauptsächlich unterscheidet. Daß Opitz den Rang vor Menantes pretendieren kan, geben ihm das Recht diese schönen und abwechselnde Bildnissen, die er gemachet hat, und in welchen er die Natur mit denen Farben und in der Gestalt gemahlet hat, die ihr eigen sind; Ich bediene mich mit Fleisse dieser Metaphora die ich von den Mahlern entlehne, denn die erste und eintzige Regel, welche ein jedweder Schreiber und Redner, es seye in gebundener oder ungebundener Rede, nachzufolgen hat, und welche ihm mit denen Mahlern gemein ist, die ist diese, daß er das Natürliche nachspühre und copiere, alle diese andere Regeln, daß er anmuthig, delicat, hoch schreibe, sind in dieser eingeschlossen und fliessen daraus ab. Wenn er von einer jeden Sache dasjenige saget, was ein curieuser Sinn davon wahrnimmt, wenn er nichts davon verfliegen läßt, das sie dienet von andern Sachen zu unterscheiden, und wenn er mit solchen angemessenen Worten davon redet, welche mir eben dieselben Ideen davon erwecken, die er hat und die mit der Wahrheit übereingehen, so sage ich daß er natürlich schreibe; wenn er denn von einer anmuthigen Sache natürlich schreibet, so kan ich sagen, daß sein Stylus anmuthig ist; schreibet er von einer Delicatesse natürlich, so wird der Stylus delicat, und er wird hoch, wenn er von einer Sache natürlich redet, welche die Menschen bewundern und groß nennen. Weil nun Opitz natürlicher, und welches nichts anders saget, annehmlicher, delicater und höcher ist, als Menantes, so heißt er mir auch ein besserer Poet als Menantes. Daß aber Opitz natürlicher dichtet als der andere, ist dieses die Ursache, weil er die Imagination mehr poliert und bereichert hat als dieser; Opitz hat nemlich nicht allein mehr Sachen durch die eigene Erfahrung und die Lesung in seine Imagination zusammengetragen, sondern er hat noch an den-

jenigen Sachen, die ihm aufgestossen, und die Hunolden vielleicht auch in die Sinnen gefallen, mehrere Seiten und Diffe-
renzien wahrgenommen, er hat sie von einer Situation ange-
schauet, von welcher sie ihm besser in die Imagination gefallen
sind, und er hat sich länger darüber aufgehalten, indem er sie
mit einer sorgfältigern Curiositet betrachtet und durchgesuchet
hat. Also hat er erstlich eine nähere und vollkomnere Kenntniß der Objecten erworben, und hernach hat er eben darum
auch gewissere und vollkommnere Beschreibungen machen
können, in welchen die wahre Proportion und Eigenschafften
der Sachen bemercket und derselben Seiten ohne Ermangeln
abgezehlet worden.

Ihr erkennet aus diesem die Nothwendigkeit, und was es
contribuiert natürlich schreiben zulernen, daß ein Schüler der
Natur sich wisse über den aufstossenden Objecten zu fixieren
und sie in einer solchen Postur anzuschauen, in welcher ihm
kein Theil und keine Seiten derselben kan verborgen bleiben;
er muß so nahe zu derselben tretten und die Augen so wol
offen behalten, daß ihm weder die allzuweite Entfernung sie
kleiner machet, noch die Nähe mit einem Nebel überziehet.
Weñ ich jetzt ferner untersuche warum Opitz die Imagination freyer und ungebundener bewahret und die Distractio-
nen ausgewichen habe, welche Hunolden die Menge der Objecten und andere Umstände erwecket haben, so finde ich keine
andere Ursache, als weil Opitz von diesen belebten Seelen gewesen, welche weit zärtlichern und hitzigern Affecten unterworffen sind und viel geschwinder Feuer, oder daß ich ohne
Metaphora rede, Liebe für ein Objectum fangen, als andere un-
achtsame und dumme Leute, denn es ist im übrigen gewiß,
daß wir uns um eine Sache, für die wir passionniert sind, weit
mehr interessieren und weit mehr Curiositet und Fleiß haben,
sie anzuschauen, folglich auch die Imagination damit mehr an-
füllen, als wir bey einem Objecte thun, für das wir indifferent
sind. Ein Amant wird von der Schönheit seiner Buhlschafft
eine ähnlichere und natürliche Beschreibung machen, als ein
jedweder andrer, dem sie nicht so starck an das Hertze ge-
wachsen ist. Ihr werdet einen Affect allezeit natürlicher ausdrücken, den ihr in dem Hertzen fühlet, als den ihr nur simu-
lieret. Die Leidenschafft wird euch im ersten Fall alle Figuren

der Rhetoric auf die Zunge legen, ohne daß ihr sie studieret. Zertheilet und erleset die Harangue einer Frauen, die ihre Magd von Hertzen ausschiltet, ihr werdet es also finden. Weñ auf diese Weise die Imagination von der Passion begleitet wird, alsdann ist sie im Stande sich ohne Distraction über ein Objecte aufzuhalten und sich die Natur, Gestalt und Grösse desselben bekandt zumachen; Und dieses ist die Manier, die sie brauchet, sich auszuschmücken und zu bereichern.

Erst ein solcher Schreiber der, wie unser Opitz, die Imagination mit Bildern der Sachen bereichert und angefüllet hat, kan lebhafft und natürlich dichten. Er kan die Objecte, die er einmal gesehen hat, so offt er will wieder aus der Imagination holen, sie wird ihn gleichsam auf die Stelle zurück führen, wo er dieselben antreffen kan. Er seye in sein Cabinet eingeschlossen und werde von keinen andern Gegenständen umgeben, als von einem Hauffen Bücher, so wird sie ihm eine hizige Schlacht, eine Belägerung, einen Sturm, einen Schiffbruch etc. in derselben Ordnung wieder vormahlen, in welcher sie ihm vormahls vor dem Gesicht gestanden sind. Dieselbe wird alle die Affecte die ihn schon besessen haben, in ihm wider rege machen und ihn davon erhitzen, nicht anderst als weñ er sie wircklich in der Brust fühlte. Es seye, daß er in dem Schatten einer ausgespañten Eiche sitzet, von allen Neigungen der Liebe, des Mitleidens, der Traurigkeit, des Zorns frey und unbeweget, so bringet ihm doch die Stärcke seiner Imagination alle die Ideen wieder zurück, die er gehabt hat, als er wircklich verliebt, mitleidend, betrübt, erzörnt gewesen; sie setzet ihn in einen eben so hitzigen Stande, als er damahlen gestanden ware und ruffet ihm dieselbe Expressionen wieder zurück, welcher er sich zur selben Zeit bedienet. Will er eine Dame glauben machen, daß sie schön seye und daß er sie liebe; will er einen Todten beweinen, der ihn vielleichte nichts angehet; will er einen erdichteten Zorn ausstossen, so weiß er die Stellungen und die Worte derer Leuten, die in der That mit diesen Passionen angefüllet sind, lebendig nachzumachen.

———

Die Kühnheit, die ich gehabt habe, Verse ohne Reimen zu machen, hat mir einen Schwarm von Feinden über den Halß gezogen, die über meine Übersetzung ein Geschrey machen als ob ich die Musen und den Parnasse verrathen hätte. Diejenige, so die Reimen lieben, weil sie ihrer Poesie keinen kostbarern Schmuck anzulegen haben, und weil sie von denselben hinwieder mehr als von der Vernunfft begünstiget werden, haben hundert Madrigale, Rondeaux und Sonnette durch die Zechen fliegen lassen, in welchen sie ein Wort-Spiel, ein Anagramma, ein Phebus wieder meine ungereimte Neugierigkeit eingekleidet und mit Reimen versehen haben. Ich bin so ungeschickt, daß ich daraus noch nicht sehen kan, worinnen die Grösse meines Fehlers bestehet; ich hatte bißdahin geglaubet, daß eintzig die reiche Dichtung die Scansion die Poesie von der Prosa unterscheideten; und ich muß bekennen, je länger ich die Ursachen betrachte, die mich auf diese Meinung gebracht haben, so gewisser kommet sie mir vor.

Ihr werdet ohne Zweiffel mit mir einig seyn, reimender Poet, daß Homer, Euripides, Virgil auch Poeten seyen; indessen wisset ihr, daß keiner von ihnen so besinnt gewesen, seine Verse zu reimen: Ich weiß dann nicht was für andere Ursachen euch bewogen haben, daß ihr sie für Poeten erkennet, wann es nicht diese zwo sind, daß sie lebhafft gedichtet, und daß sie scandiert haben. Die Poesie dichtet also, daß sie den Lauff, den Caractere und die Verrichtungen der Natur, die Zusammenfügungen und die Ordnungen derselben, nachdem sie solche durch ihre curieuse Application ausgeforschet hat, nachahmet und nach dem Modell derselben andere erfindet und zusammen bildet, die diesen ähnlich sind und eine Wahrscheinlichkeit haben. Und sie scandiert, indem sie die Worte nach der Quantitet ihrer Sillben, in eine so wol abgemessene Ordnung füget, daß ihre Cadantz mit einer angenehmen Harmonie in die Ohren fällt. Es ist wahr, daß der Prosa eben so wol erlaubt ist zu dichten, und daß sie so wol eine gewisse Art von einer Scansion observieren kan, als die Poesie, aber sie thut das Erste mit einer grössern Eingezogenheit, und wegen des Andern hat sie sich an keine eigene und unveränderliche Gesetze gebunden. Wann ihr nun in einem heutigen Autor eben diese reiche Dichtung und diese melodieuse Scansion fändet, welche euch vermag, daß ihr die Iliade und die Eneide poetisch nennet, mit was Recht woltet ihr ihm den Nahmen des Poeten versagen? Um, weilen er sich dem Joch der Reimen entzogen hat?

Aber was können diese liebe Reimen, daß ihr ihnen so günstig seyd? Wañ man der Vernunfft glauben will, so sind sie nichts anders als ein kahles Geklapper gleichthönender End-Buchstaben; welches uns von der barbarischen Poeterey unsrer Alten, die die Kunst zu töden besser gelernet hatten, als die Kunst einen vernünfftigen Einfall in einen guten Verse zu treiben, angeerbet ist. Pretendieret ihr, daß das Alterthum und der Respect, den wir unsern Voreltern schuldig sind, ein Gegengewicht der Vernunfft seye und sie würcklich überwege, so ist eine so gestalte Schutz-Schrifft dennoch für die Reimen nichts nütze, weil die reimende Poesie allezeit neuer und jünger bleibet als die andere. Wann ein solches Raisonnement Grund hätte, so würde es meine Meinung favorisieren, und ich wolte nicht vergessen, es anzuwenden; aber ich bekenne aufrichtig, daß es nichts werth ist, und daß etwas uhralt und unvernünfftig und etwas anders heutig und vernünfftig seyn kan. Die Vernunfft hat uns erlaubet, die Bärte wegzuscheeren, welche unsre Großvätter sich so wenig nehmen lassen und mit gleicher Dapferkeit beschützet haben, als ihre Degen; Eben dieselbe verhindert uns nicht den Reimen, welche eine Gattung Excrement sind, wie die Bärthe, ein gleiches Schicksal zu geben.

Aber die Liebhaber der Reimen schwören darauf, daß sie angenehm in die Ohren des Zuhörers klingen; das will etwas sagen, und ich wäre ein störrischer Kopff, wenn ich ihnen die unschuldige Freude mißgönnen wollte, daß sie sich mit den Reimen die Ohren jucken; Nein! ich mag leiden daß einem jeden Fuhrmann das klatschen seiner Geissel eine süsse Melodie mache, und daß ein andrer sein Gehöre mit der Monotonie der Reimen ergetze, aber ich bedinge, daß man andere Ohren, die vielleicht von andern Zeserlein gemachet sind, hinwiederum gönne sich zu stopffen, wenn ein solcher Thon in sie fällt.

Wenn die Reimen vermögend wären einen schlimmen Einfall gültig zu machen, oder wenn ein Raisonnement von seiner Güte etwas würde verliehren, wenn man ihm die Reimen nimmt, so wüßte ich sie nicht genug zu respectieren; aber da sie im Gegentheil die Gedancken hemmen, die besten Expressionen entkräfften, an ihrer statt andere, schwache und när-

rische einführen, so ist derjenige klug, der sich nicht um sie
bekümmeret; wie kan aber der Zwang der Reimen diese
schädliche Wirckung nicht haben, da das Reimen nicht besser ist, als ein Wort-Spiel, und sich allzeit der Verstand der
letzteren Zeilen nach dem vorgehenden Reime einrichten muß?
Zu wie viel unnöthigen Metaphoren haben die Reimen schon
Anlaß gegeben? Alle diese förchterliche Phrases, Sonnen
streuen, sich mit Wunsch-Pasteten speisen, Hoffnungs-Liebes,
Seelen-Schrancken, ein Hauß von Zucker-Rosen bauen Blitz
und Tod aus braunen Augen saugen, sind Mißgeburten des
Reimes. Den einen hat ein Kuß mit Biesam eingeweyhet, des
andern Halß schwimmt voller Milch von reinen Lust-Narcis-
sen. Der Reim eines andern* nennet die Lippen Mund-Rubinen, und träncket seine Seele daraus; und dieser** schreibet
in einem Verse der Seele und den Schneken Füsse zu. Amthor
setzt an einem Orte:***

<blockquote>
Die Mannheit Gothenburgs war jetzo gnug ver-
schnitten.
</blockquote>

Ein spitziger Kopff der gern lachet, würde sagen, daß der Poet
diese schöne Operation gethan, aber ich bin sicher daß es der
Reim gethan hat.

3   Johann Ulrich König: Untersuchung von dem guten
Geschmack in der Dicht- und Redekunst. (Leipzig und
Berlin 1727, S. 234–236, 238–242, 251–261, 292–296,
304–307, 315–317)

Die damahls herumschweiffende so genannte Nordische
Völcker überzogen gantz Europa mit ihrer Unwissenheit, und
demjenigen schlimmen Geschmack, welcher ihren Nachkom-
men beständig angeklebt, und noch heutiges Tages, unter andern, aus dem Uberrest ihrer schlechtabgefaßten Schrifften,
ausschweiffenden Romanen, läppischen Zahl- und Buchsta-

---

*   Sie tranck und ward berauscht aus deinen Mund-Rubinen. C. E.
Hoffm. 1. Th. Bl. 17.
** So laufft der Seelen Krafft auch nur auf Schnecken-Füssen. Benj.
Neukirch.
*** Gedichte berühmt. M. St. XIX.

ben-Spielen, unmäßigen Reimsucht, plumpen Mönchs-Schrifft, rauklingenden Sprache, Barbarischen Musick, unförmlichen Kleider-Tracht, übelgezeichneten Mahlerey, und hauptsächlich aus der Gothischen Bau-Art abzunehmen.

In der Helffte des funffzehnten Jahrhunderts gelung es erst den Wissenschafften, sich aus dieser Finsterniß wieder zu befreyen, da in Italien viele grosse Männer zugleich aufstunden, durch welche, wie vorher schon einiger massen durch den Petrarcha, so wohl die Sprachen als die Künste von der Barbarey entlediget, und der gute Geschmack wieder hergestellet ward.

Von dar theilte er sich, nach dem Maasse, wie er daselbst in einigen Stücken, bald im Anfange des jüngstverflossenen Jahrhunderts, abermahl in Verfall gerieth, auch in andere Länder aus, und fand in Teutschland, was die Dicht- und Rede-Kunst betrifft, sonderlich in Schlesien, einen glücklichen Beförderer an unserm grossen Opitz.

Wie aber im Gegentheil gantz Welschland aufs neue zu derselben Zeit von dem üblen Geschmack aus der Schule des Marino als mit einer Pest angesteckt, und der Italienische Parnaß, mit schwülstigen Metaphoren, falschen Gedancken, gezwungenen Künsteleyen, lächerlichen Spitzfindigkeiten, läppischen Wort- und Buchstaben-Spielen, seltzamen Mischmasch, aufgeblasenen Vorstellungen, Hyperbolischen Ausdrückungen, zweydeutigen Gegensätzen, schülerhafften Beschreibungen, weithergesuchten Allegorien, schulfüchsischen Erfindungen, uneigentlichen Redens-Arten, übelangebrachter Belesenheit, Mythologischen Grillen, und hundert anderen kindischen und geschminckten Auszierungen, als mit so viel allgemeinen Land-Plagen, heimgesucht ward, dessen die Gelehrtesten und Klügsten dieses Landes sich ietzo schämen, und darüber in ihren öffentlichen Büchern selbst häuffige Klagen führen; so zog sich dieses Gifft, mit den Marinischen Schrifften, auch nach Teutschland.

Man ward, wie dort der männlichen Schreib-Art des Petrarcha, so bey uns des edlen Geschmacks unsers Opitz müde, man suchte sich einen neuen Weg auf den Parnaß zu bahnen, kurtz: Die Lohensteinische Schule bekam auch bey uns die Oberhand über den guten Geschmack, und verleitete fast gantz Teutschland so wohl, als die meisten seiner Lands-Leute.

Nachdem inzwischen bey andern Völckern, und sonderlich unter den Frantzosen, durch den berühmten Boileau der Tyranney des verderbten Geschmacks, mit aller Macht, Einhalt gethan; und, in Italien selbst, die Marinische Schreib-Art von Vernünfftigen verabscheuet und gäntzlich verbannet ward; so wusten auch einige trefliche Köpfe unsers Teutschlandes sich solches zu Nutze zu machen, und sonderlich in der Dicht- und Rede-Kunst, durch eine Nachahmung, welche sich auf die Natur und die geistreichen Schrifften der alten Griechen und Römer gründete, dem guten Geschmack bey uns wieder aufzuhelffen. *

Dennoch können wir nicht verneinen, daß der gröste Hauffe bey uns dem Joche des üblen Geschmacks noch immer freywillig unterworffen bleibe, und, durch dessen falsches Ansehen geblendet, diesen Götzen, als den vermeinten Vater der höchsten Zierlichkeit zu verehren, halsstarrig fortfahre. Ich

---

* Die vornehmsten darunter waren der Herr von Besser, und unser Freyherr von Canitz, auf welche auch der ehmalige Königl. Dänische Staats-Rath und Resident zu Pariß, Herr Wernicke, gezielet hat, wann er in der Vorrede seiner Gedichte gesetzt; „Unterdessen so scheinet es, daß der Königl. Preußische Hof auch in diesem Stück des Vaterlandes Ehre befördern, und die vorzeiten sogenannte Göttersprache von der Verachtung retten, und zum wenigsten zu einer männlichen Sprache machen wolle. Sintemahl sich an demselben einige vornehme Hofleute hervorgethan, welche Ordnung zu der Erfindung; Verstand und Absehen zur Sinnlichkeit; und Nachdruck zur Reinlichkeit der Sprache in ihren Gedichten zu setzen gewußt.“ Siehe Poetischen Versuch in einem Helden- und Schäfer-Gedichte durch Uberschrifften: in 8. 1704. zu Hamburg gedruckt. Er selbst war ein Mann von ausbündigem Geschmack, und der erste, welcher das Herz gehabt, sich der Lohensteinischen schwülstischen Schreib-Art in öffentlichem Drucke zu wiedersetzen; wiewohl Licentiat Postel in Hamburg, ein eifriger Anhänger von Lohensteinen, ihn deßwegen mit eben so schimpflichen Versen angetastet, als es vor kurtzer Zeit der Gesellschafft der Mahler in der Schweitz, oder vielmehr dem vornehmsten Mitgliede darunter, dem sinnreichen Ruben, gleicher Ursache halber, ergangen. Die Fortsetzung dieser Untersuchung wird, in der besondern Geschichte des guten Geschmacks in der Dicht- und Rede-Kunst bey den Teutschen, umständlichere Nachrichten ertheilen.

habe daher diese Gelegenheit ergriffen, bey Herausgebung eines Teutschen Poeten von gutem Geschmacke, dem falschen die Larve abzuziehen, und in solcher Absicht von dem wahren und guten Geschmack gegenwärtige Untersuchung anzustellen.

Der Geschmack ist, bekannter massen, einer von den fünff äusserlichen Sinnen, welcher, vermittelst seines eigenen Werckzeugs, der Zunge, entscheidet, ob dasjenige, was wir geniessen, gut- oder übel-schmeckend sey.

Dieses geschicht durch eine Empfindung, welche in unserm Munde von den Speisen oder Säfften hervorgebracht wird, die wir kosten. Wann nemlich diejenige Theilgen, woraus das, was wir essen oder trincken, zusammen gesetzt ist, auf verschiedene Weise, die Schwamm-artigen Öffnungen des besondern Gewebes an dem Obertheile der Zunge durchdringen, und die daselbst befindlichen beweglichen nervichten Wärtzgen stechen, reitzen oder kützeln; so bringen sie, vermittelst der durch den Speichel, im Kauen, aufgelößten schmackhafften Krafft des genossenen, bey uns entweder ein angenehmes oder ein unangenehmes Empfinden zuwege. Dann es gehen von dem Gehirne das dritte, vierte und siebende Paar Nerven an die Zunge, breiten sich daselbst in vielen Zweigen und Zäsergen aus, und bilden, indem sie sich endigen, eben die vorgedachten Wärtzgen an der Oberfläche der Zunge. Sobald nun diese nervichte Wärtzgen von den aufgelößten schmackbaren Theilgen berührt, folglich bewegt werden, so wird dieser Eindruck auch den Nerven, von den Nerven dem Gehirne, und durch das Gehirne der Seele mitgetheilet.

Wie nun der sinnliche Geschmack, durch genaues Kosten eines Trancks oder einer Speise, deren gute oder schlimme Beschaffenheit entscheidet, und sodann mehr oder weniger Neigung oder Eckel davor bezeigt; So hat man dieses Wort nachgehends, in verblümter Bedeutung, von einer innerlichen Empfindung, Kenntniß, Neigung, Wahl, und Beurtheilung genommen, die unser Verstand in allen andern Dingen von sich blicken läst.

Es ist kaum etwas über vierzig Jahre, da einer unserer berühmtesten Männer in seiner Abhandlung von Nachahmung der Frantzosen,* zuerst von dem guten Geschmack etwas ge-

* Es war dieß das erste teutsche Programma, welches Christian

dacht, aber zugleich bekannt, daß er sich noch nicht getraue, die Grund-Gesetze desselben, nach seiner eigenen Erfindung, in einer gewissen Kunst-Forme vorzustellen. Wie er auch damahls noch nicht wagen wollen, das Wort goût teutsch zu geben, ungeacht er das gantze Stücke in seiner Mutter-Sprache abgehandelt; So finden sich, noch diese Stunde, viel Leuthe unter uns, denen das teutsche Wort Geschmack, in figürlicher Bedeutung, ob es gleich nunmehr häuffig also gebraucht wird, dannoch nicht recht anstehen will: sonder Zweiffel aus dem blossen Vorurtheile, als ob der Franzosen Goût und der Spanier oder Italiener Gusto besser klinge.

———

Der Geschmack ist also diejenige Empfindung, welche in dem gemeinen Sinne durch diejenigen Eindrücke gebohren wird, die unsre sinnliche Werkzeuge verschiedentlich empfangen. Er ist, wie Dubos sagt, derjenige Sinn, welcher den Werth eines jeglichen Dinges beurtheilet, durch das Auge eine Schilderey, oder durch das Ohr eine Klang- und Sang-Weise.* Dann es ist freylich das Auge oder das Ohr nur der Werckzeug, dessen sich die Seele bedienet, gewisse Eindrücke zu empfinden, darüber sie hernach ihre Urtheilungs-Krafft äussert; aber, ob gleich die Kräffte unsrer Seele von ihr selbst nicht unterschieden sind, so entscheiden wir sie doch unter sich, um uns desto deutlicher ausdrücken zu können. Unsre Seele ist mit mancherley Kräfften, wie mit dem Verstande und dem Willen, also auch mit den innerlichen und äusserlichen Sinnen begabt. Sie kan sich einer Menge Übungen von gantz verschiedener Natur befleißigen, die nach den unterschiedenen Werckzeugen, deren sie sich bedient, besondre Nahmen erhalten. Also kan sie sehen, riechen, fühlen, hören, verstehen, wollen, sich etwas vorbilden, und alles dieses lieben oder hassen, nachdem sie in Ausübung ihrer Kräffte eines Gegenstands geniesset, der ihr angenehm oder zuwider ist. Sie kan sich nicht weniger durch

Thomasius zu Leipzig 1687. an das schwarze Bret geschlagen. Man findet es in seinen zusammen gedruckten teutschen Schrifften, wie sie 1721. in 8. heraus gekommen, Bl. 46.
* In seinen Reflexions sur la Poesie & la Peinture, Tom. II. p. 307.

das Gedächtniß, durch die Befriedigung des Gesichts und des Gehörs, als durch eine iegliche andere Empfindung erquicken. Eine jede solche Krafft, sagt hierüber der Englische Zuschauer, ist wie ein mercklich-unterschiedener Geschmack im Verstande, der seinen besondern Gegenwurff hat.*

Dergleichen Betrachtungen mögen den Abt Dubos verleitet haben, daß er diesen Geschmack des Verstandes für den sechsten Sinn ausgegeben, welcher sich in uns befinde, ohne daß uns dessen Werckzeuge bekannt wären.** Allein sein Gegner hat ihm darüber vorgerückt, daß er durch diesen ohne Noth neu auf die Bahn gebrachten sechsten Sinn, die so genannten verborgenen Eigenschafften wieder einführen würde, die wir aus der Natur-Lehre schon längst verbannet haben.*** Die gelehrte Dacier sagt: „Der Geschmack ist eine Zusammenstimmung und ein Übereinklang des Verstandes und der Vernunfft.† Man besitzt mehr oder weniger von diesem Geschmakke, nachdem diese Harmonie richtig oder unrichtig ist." Einer unter ihren Wiedersachern wirfft ihr zwar vor, daß er dieses nicht verstehen könne.†† Wann er aber ihre völlige Erklärung darzu gesetzt hätte, würde er solches so schlechterdings nicht haben sagen dürffen. Dann ob sie gleich darinn wieder die

---

* Le Spectateur Tom. VI. Disc. XXXIII.
** In obgedachten Reflexions sur la Poesie & la Peinture. Tom. II. p. 308.
*** Siehe in der Bibliotheque Françoise, Juillet & Aôut. 1726. p. 225.
† M. Scuderi sagt ebenfalls: Le bon goût en matiére d'esprit est une harmonie, ou un accord de l'esprit avec la Raison. Die Frantzösischen Wörter Esprit und Raison sind unterschieden genung; die Teutschen aber, deren ich mich in der Übersetzung bedienen müssen, pflegen bey uns öffters als gleichgültige genommen zu werden. Ich verstehe also hier eigentlich durch den Verstand diejenige Krafft der Seele; die derselben die Gründe und Anfänge der Erkänntniß fürhält, und von den Lateinern Intellectus und von den Frantzosen Esprit genannt wird. Durch das Wort Vernunfft aber bedeute ich das Vermögen der Seele, so aus Gegeneinanderhaltung der vorgesetzten Gründe gewisse Schlüsse zu ziehen beschäftiget ist, und im Lateinischen Ratio, im Frantzösischen Raison heist.
†† Seconde Lettre à Madame Dacier sur son Livre des Causes de la Corruption du Goût. p. 32.

Regeln einer Beschreibung gehandelt, daß sie eine Metaphorische Redens-Art durch eine andere Metaphora erklärt, und, wie schon Bouhours bemerckt*, ihre Beschreibung dadurch nicht deutlich genug gemacht; So hält doch eben dieser Bouhours dafür, ihre Auslegung des Geschmacks sey im übrigen nicht weniger gründlich als wahr.

Der Herr Frain du Tremblay ist gar der Meynung** daß man schwerlich eine bessere finden werde, hat aber eben sowohl, als die beyden vorhin genannten Verfasser, die nothwendig dazu gehörige Erklärung weggelassen, die ich, so viel zu unserm Zwecke dienlich, allhier einrücken wollen. „Wann nun der Geschmack, fährt sie fort:*** eine solche Harmonie ist, so macht ein ieder Gegenstand, der sich unserer Einbildung vorstellt, in derselben nicht nur ein Bild, sondern er giebt auch daselbst eine Art eines Lauts: Dann alles spricht zu dem Verstande, und wann dieser äusserliche Laut mit der innerlichen Harmonie sich gleichlautend befindet, so empfängt und billigt unsere Einbildungs-Krafft alsofort denselbigen Gegenstand; den sie hingegen unfehlbar verwirfft, wo diese Übereinstimmung nicht eintrifft. Dann wie die Übereinstimmung und der Wohllaut die Ursache derjenigen Liebe ist, die wir zu gewissen Dingen haben; So ist im Gegentheil die Mißstimmung nothwendig die Ursache unsers Hasses. Dieser Ubellaut kommt entweder von den äusserlichen Dingen her, oder von dem Verstande, der urtheilt, manchmahl auch von beyden zugleich. Wann er von einem uns vorkommenden Dinge entspringt, und unser Verstand hat dieselbige vollkommene Zusammenstimmung, davon hier die Rede ist, so können wir unmöglich einem solchen Gegenstand unsern Beyfall geben, sondern wir werden ihn allemahl für mangelhafft erkennen. Rühret aber dieser Mißhall von dem urtheilenden Verstande her, so werden uns die besten Sachen schlimm scheinen; aber, an statt uns diesen Fehler selbst zuzuschreiben, rechnen wir ihn gemeiniglich dem

---

* La Maniére de bien penser sur les ouvrages d'esprit Dial. IV. p. 376.
** In seinem Discours sur l'origine de la Poesie, sur son Usage & sur le bon Goût. p. 128. Disc. II.
*** In der schönen Vorrede vor ihrer Ubersetzung des Aristophanes.

Gegenstande zu, dann weil unserem Verstande diese Mißstimmung täglich vorkommt, so wird er dermassen an dieselbe gewohnt, daß er sie nicht von sich selber zu bemercken weiß. Befindet sich aber diese Mißstimmung in allen beyden, so wohl in dem Verstande als in dem äusserlichen Vorwurffe; So halten wir die schlimmsten Dinge für gut, weil sie in einer gleichen Maße mit dem Mißlaut unsers Verstandes übereinstimmen. Durch dieses Mittel wird man unschwer die Ursache entdecken, warum, in sinnreichen Schrifften, eine mittelmäßige Arbeit wenig Tadler, und warum hingegen ein vortreffliches Werck nicht viel Verehrer findet etc. etc."

Ein jeder Gegenstand, der, nach einer genauen Prüfung aller seiner Theile ins besondere und deren Gleichförmigkeit, den Beyfall unsers Verstandes verdienen würde, giebt nicht so bald einen Eindruck in die wohlbeschaffenen Werckzeuge unsrer Sinne, als durch denselben Eindruck schon zugleich eine Empfindung in unserer Seele erzeugt wird, die krafft der Ubereinstimmung zwischen unsern Begriffen und unsern Empfindungen, denselben Gegenstand uns liebens- und hochschätzungswerth macht. Diese Empfindung ist eben der Geschmack des Verstandes, und dieser Geschmack pflegt sein Urtheil von einer Sache, die uns angenehm oder unangenehm vorkommt, nicht so lange zu verschieben, biß er zuvor derselben richtige Ordnung, Gleichförmigkeit in ihren Theilen, Schönheit oder Nutzen nach allen Regeln und guten Gründen, in einer genauen Untersuchung geprüft. Er empfindet alsofort das vollkommene in einem Verse oder in einer Rede. Kaum hat das Auge solche gelesen, oder das Ohr dieselben vernommen, als er schon sein Urtheil darüber fällt; Da hingegen der richtigste Verstand, wann er entdecken will, worinn eigentlich dasjenige vollkommene bestehe, was den Geschmack so plötzlich eingenommen, manchmal viele Zeit anwenden muß, weil die Ursachen einer so geschwinden Würckung leichter zu empfinden, als zu erkennen sind.

[...]

Der Geschmack des Verstandes ist also nichts anders, als die zusammen gesetzte Krafft der Seele zu empfinden und zu urtheilen, vermittelst welcher sie durch die Werck-Zeuge der Sinnen einen gewissen Eindruck empfindet, und über denselben alsdann ihre Entscheidung, durch eine Zuneigung oder Abneigung, äussert.

[...]

Der allgemeine gute Geschmack ist eine aus gesundem Witz und scharffer Urtheilungs-Krafft erzeugte Fertigkeit des Verstandes, das wahre, gute und schöne richtig zu empfinden, und dem falschen, schlimmen und heßlichen vorzuziehen; wodurch im Willen eine gründliche Wahl, und in der Ausübung eine geschickte Anwendung erfolget.

[...]

Demnach ist dieser allgemeine gute Geschmack des Verstandes, ein richtiger Begriff des vollkommenen in allen Dingen, in allen Künsten und menschlichen Verrichtungen, es sey nun, daß wir denselben an andern zu entdecken und zu beurtheilen, oder selbst zu wehlen und anzuwenden, fähig sind.

Er erstreckt sich über alles, und ist allen Völckern gemein, wie die menschliche Vernunfft, oder wie der äusserliche Sinn des Geschmacks; ob er gleich an einem Orte oder zu einer Zeit, mehr oder weniger, früher oder später ausgeübet wird. Er bleibet allemahl eben derselbige, und seine Grund-Sätze sind beständig, weil er auf einer richtigen Ubereinstimmung unsrer Gedancken und Handlungen mit der Natur und der wahren Vernunfft beruhet, und so wenig als die eine oder die andere von diesen beyden veränderlich; sondern weder an den Wechsel der Zeit und des Orts, noch an den Unterschied der Völcker und der Sitten gebunden ist. Er weiß eine jede Sache nach ihrer besondern Art richtig abzumessen, und pfleget, als ein Führer und Hoffmeister der andern edlen Kräffte der menschlichen Seele, sowohl die Handlungen des Willens, als die Würckungen des Verstandes, nach dem guten, wahren und schönen zu beurtheilen und zu lencken. Kurtz, er ist, wie ihn Bussy Rabutin mit dreyen Worten erkläret: Die Hochschätzung guter Sachen.*

————

* In seinen lettres T. I. lettr. 123. Le gout dans la signification naturelle est, comme tout le monde scait, un de cinqs sens de nature; dans la figure il veut dire, l'estime de bonnes choses.

Der gute Geschmack in der Dicht- und Rede-Kunst ist eine Fertigkeit des Verstandes, das wahre gute und schöne richtig zu empfinden, und von dem falschen, schlimmen und heßlichen, sowohl was die Gedancken und die Ausdrückungen als die gantze Einrichtung betrifft, genau zu entscheiden: wodurch im Willen eine gründliche Wahl, und in der Ausübung eine geschickte Anwendung erfolget.

Der schlimme ist eine Ungeschicklichkeit des Verstandes, welche das wahre, gute und schöne nicht richtig empfinden, folglich von dem falschen, schlimmen und heßlichen, sowohl in den Gedancken und Ausdrückungen als in der gantzen Einrichtung nicht genau entscheiden kan: Wodurch im Willen eine irrige Wahl, und in der Ausübung eine falsche Anwendung erfolget.

Beyde entstehen aus natürlicher Fähigkeit oder Unfähigkeit, und beyde können durch Vorurtheile, und Lesung abgeschmackter Schrifften verschlimmert, wie durch Kunst und Fleiß ausgebessert werden. Weder die Übung in der Beredsamkeit und Dicht-Kunst, noch die Regeln dieser Künste sind fähig, ohne diesen guten Geschmack einen vollkommenen Redner und Poeten zu bilden. Eine Schrifft, die sinnreich seyn soll, ist nur nach dem Masse hoch zu schätzen, als dieser gute Geschmack darinnen reichlich angetroffen wird.

Wie aber ein Koch entweder selbst eine Speise zurichtet, und ihr den gehörigen Geschmack giebt; oder ein von einem andern verfertigtes Gerichte nur kostet, und desselben Geschmack beurtheilet; So äussert sich auch unser Verstand auf zweyerley Weise, einmahl durch den empfindenden, und einmahl durch den würckenden Geschmack.

Der empfindende ist diejenige Fertigkeit unsrer Seele, welche dienet, die allerverborgensten Fehler, wie die allerfeinsten Schönheiten einer sinnreichen Schrifft, beydes in gebundener und ungebundener Schreib-Art zu entdecken und fertig zu beurtheilen.

Diesen versteht der Englische Zuschauer*, wann er setzt:

---

* Siehe in der Frantzösischen Übersetzung T. IV Disc. XLI. p. 242. woselbst das gantze Stücke von diesem empfindenden Geschmacke allein zu verstehen ist.

Der gute Geschmack sey ein Vermögen der Seele, welches die Vollkommenheiten eines Verfassers in dessen Schrifften mit Lust, wie dessen Unvollkommenheiten mit Unlust entscheide. Er ist nur ein Theil des guten Geschmacks, und besteht bloß in der Betrachtung und dem Wissen.

Der würckende ist diejenige Fertigkeit, krafft welcher jemand ausser dem, daß er über fremde Wercke genau richtet, auch selbst geschickt ist, seine eigene Arbeit mit den Eigenschafften des guten Geschmacks anzufüllen, mithin nach dessen Regeln etwas aufzusetzen. Es gehöret also zu des würckenden Vollkommenheit allemahl auch der Empfindende. Gleichwie der Empfindende nie entstehet als aus solchen Schrifften, die den Würckenden zum Uhrheber haben. Wie es nun nicht so schwer ist, eine Speise zu kosten, und sodann seinen Ausspruch zu geben, ob sie schmackhafft oder unschmackhafft zugerichtet sey, als selbst eine wohlgeschmackte Speise zuzurichten; so kan nicht weniger unser Verstand leichter die Eigenschafft des guten Geschmacks in andrer Leute Schrifften empfinden und prüfen, als selbst ein Werck von gutem Geschmack ausarbeiten. [...]

So mancherley nun der Geschmack nach seiner Beschaffenheit, so mancherley ist er auch nach seiner Verschiedenheit. Der Geschmack der Zunge ist verschieden in allen Dingen, die wir geniessen, kosten, trincken oder essen: Und nicht weniger der Geschmack des Verstandes in Sachen, die wir dencken, lesen, hören, sehen, verrichten, lieben oder hassen. Der Geschmack ist nicht bey allen Menschen gleich, es kan ein jeder einen verschiedenen Geschmack haben, den er nicht schuldig ist, nach eines andern Geschmack zu richten, und man muß, was die Verschiedenheit des Geschmacks betrifft, nicht verlangen, daß sich einer schlechterdings unserm Geschmack unterwerffen solle. Ein solches Begehren würde schon an sich selbst wieder die Regeln des guten Geschmacks seyn.

Also giebt es einen verschiedenen Geschmack unter verschiedenen Welt-Theilen, Ländern, Völckern, Gemüths-Arten, Lehren, Wissenschafften, Künsten, Sitten und Gebräuchen; eben wie im Willen, im Verstande und den äusserlichen Sinnen verschiedener Menschen.

Auf solche Weise ist der Chinesische von dem Europäischen

fast in allen Stücken; der Frantzösische und Italienische in der Musick; der Brabandische und Italienische in der Mahlerey; und in solcher abermahl dieser oder jener Geschmack einer grossen Stadt oder eines berühmten Meisters, so wie in jener, der Römische von dem Venetianischen, unterschieden: Die doch alle in ihrer Art gut seyn können, in so ferne sie nemlich in den Grund-Sätzen des allgemeinen guten Geschmacks über- eintreffen, ob sie gleich in der Art und Weise noch so sehr unterschieden sind.

Dann es ist mehr als nur ein eintziger Weg zu Erlangung des guten, zur Vorstellung des wahren, und zur Erfindung des Schönen, wie in der gantzen Natur, so auch in der Dicht- und Rede-Kunst, und so lange als nur die Frage von dieser Ver- schiedenheit vorfällt, so lange kan man sich mit dem bekann- ten Sprichworte schützen, daß man über den Geschmack nicht streiten müsse.

———

Es giebt sonderlich unter dem Frauenzimmer, viele von so verwehntem Geschmacke, daß sie Siegellack, Kreyde, Wachs, den Kalck von der Wand, Juchten, Pflaster, Kohlen, ja noch schädlichere Dinge mit einer unsäglichen Begierde zu essen pflegen, der öffters viel seltzamern Lüsternheit einiger Schwangern zu geschweigen. Ich habe selbst in meiner Vater- Stadt einen jungen Menschen blöden Verstandes gekannt, der nicht nur rohe Fische, sondern auch Spinnen, und anderes Un- gezieffer begierigst verschluckte. Wolte man dieses einen ge- sunden Geschmack nennen? Es ist wahr, daß man sich vergeb- lich bemühen würde, wann man solchen Leuten ihren Ge- schmack abzustreiten suchte. Keine Vorstellungen in der Welt sind bündig genug, sie von ihrer Wahl abzuführen. Dann weil ein Gegenstand ausser uns keine Empfindung von Lust oder Eckel in uns erwecken kan, als bloß nach der Beschaffenheit unsrer Seele und der Werckzeuge der äusserlichen Sinne: So fehlet, wann diese nicht wohl beschaffen oder sonst verderbt sind, allemahl diejenige Übereinstimmung eines Gegenstands und seines Eindrucks mit unsern Empfindungen, darüber ich mich schon in dieser Untersuchung ausführlich erkläret habe. Es mag die Eigenschafft eines Gegenwurffs noch so richtig mit seinem Eindruck zusammen treffen, wir werden in solchem Falle diesen Eindruck doch immerfort unrichtig empfinden. Allein ob gleich kein Mittel ist, solche Leute leichtlich von ihrem Unrecht abzubringen, so ist es doch nicht unmöglich, sie zu überzeugen, daß diejenigen, welche unschmackbare ja gar unverdauliche Dinge, Kohlen, Kalck und dergleichen essen, keinen so guten Geschmack haben, als solche, welche schmackhaffte und nehrende Speisen lieben, von denen sie ein gutes Geblüte und einen gesunden Nahrungs-Safft bekommen. Ich kan mich daher so wenig als der Herr Frain du Tremblay, mit der Meynung des St. Evremonts vereinigen, welcher dafür hält, daß man den guten Geschmack weder jemand beyzubringen, noch zu sagen wisse, worinn solcher bestehe; und daß man Leute von schlimmen Geschmack eher wieder davon ableiten, als sie ihres üblen Geschmacks überführen könne. Nach meinem Begriffe müste derjenige, welcher sie gäntzlich davon abbringen wolte, die schlechte Beschaffenheit der Werckzeuge ihrer äusserlichen Sinne verbessern können; da hingegen einer, der sie bloß zu überzeugen suchte, nichts als natürliche Vernunfft-Schlüsse vonnöthen hat.

[...]

Man kan auch, in Ansehung andrer leichtzuverdauenden Dinge, demjenigen den guten Geschmack nicht abstreiten, der gerne Stockfisch oder Braunkohl essen mag; dann es beruhet abermahl bloß in der Verschiedenheit, daß einer lieber zärtere und leichtere, und ein anderer hingegen stärckere und mehrsättigende Speisen sucht, die an und für sich selbst alle gut, oder gut zugerichtet seyn können. Aber lasset einen Braunkohl mit Schöpsen-Fleisch, auf einerley Art, jedoch von zween verschiedenen Köchen zubereiten, lasset einem jeden sein verfertigtes Gerüchte in einer besondern Schüssel auf den Tisch geben, kostet alsdann von beyden. Wann derjenige Kohl, welcher jung, sauber gewaschen, mürbe, rein von Geschmack, mit einer kräfftigen, in einer richtigen Masse gewürtzten und eingedämpften Brühe, worinn das Fleisch zart, frisch, wohlgekocht und safftig ist, euch nicht gut, oder nicht so gut schmeckt, als der Braunkohl in der andern Schüssel, welcher alt, unsauber, harte, wässericht, angebrandt oder raucheright, zu wenig oder allzuviel gewürtzt und gesaltzen, zu mager oder zu fett, und, nach dem Kunstwort der Köche, mit einer zu kurtzen oder zu langen Brühe, und daran überdiß das Fleisch hart, alt zähe, trocken oder gar riechend ist, so werden euch alle vernünfftige Menschen sagen, daß ihr, in diesem Stücke, nicht bloß nach der Verschiedenheit nur einen andern und eigenen; sondern vielmehr, nach der Beschaffenheit, einen schlimmen Geschmack habt, ihr möget tausendmahl einwenden, man müsse nicht über den Geschmack streiten, es schmecke euch wohl. Dann es ist nicht die Frage, ob es euch gut schmecken könne, sondern ob ihr einen guten Geschmack besitzet, wann euch ein wohlzubereitetes Essen nicht so wohl als ein solches schmeckt, welches nach dem Urtheil aller Speise-Verständigen, der Gäste sowohl als der Köche, und nach den Regeln der Kochkunst von verderbten und üblen Geschmack ist.

––––––––

Wie dort die Speise von allerley Fleisch, Kräutern, Früchten, Gewürtz und andern Dingen, so wird hier eine sinnreiche Schrifft oder Rede auch aus vielerley Stücken, nemlich Gleichnissen, Spruch-Reden, Beschreibungen, Erzehlungen, Bildern, Gedancken und Redens-Arten kunstförmlich zusammen gesetzt, und, nach der richtigen oder unrichtigen Maaß und Wahl, die man darinne getroffen, zu einem Wercke von gutem oder von schlimmen Geschmacke. Ein solches Werck kan ebenfalß, wie die verschiedene Speise-Zubereitungen, ungeacht der Verschiedenheit mit andern, vollkommen seyn, falls es nur, nach der Beschaffenheit, in dem allgemeinen guten Geschmack übereinkommt.

Man muß daher nicht zweyerley verschiedene gute Schrifften einander entgegensetzen, sondern zwo von einerley Gattung, deren eine für gut, und die andre für schlimm von den Kennern erkläret worden, sonst kan man freylich über den Geschmack nicht streiten. Nehmet also ein Gedicht oder eine Rede von zweyerley Verfassern über einerley Sache, leset beyde. Wann euch diejenige Arbeit, welche natürlich, wohlgeordnet, sinnreich, lebhafft, beweglich, scharffsinnig, überzeugend ist; darinn die Gedancken neu, richtig, gut angebracht, nicht zu hoch, noch zu niedrig, nicht zu arm nicht zu reich, von rechtem Geist und Feuer; die Redens-Arten rein, gleich, deutlich, zierlich, wohlgewehlt, edel, regelmäßig, und alle diese Stücke nicht zu kurtz, nicht zu lang, sondern wohl zusammen verbunden sind: Wann, sag ich, diese Arbeit euch nicht sowohl gefällt als die andre, welche unnatürlich, übelgeordnet, einfältig, matt, geist- und krafft-loß, nicht durchdringend ist; darinn die Einfälle aufgewärmt, falsch, übelangewendet, zu schwülstig oder zu schlecht, zu sparsam oder zu überflüßig, zu kalt oder durch die Hitze der Einbildung übertrieben; die Redens-Arten unrein, ungleich, unverständlich, rauh, schlecht gewehlet, gemein, wieder die Regeln, und alles zusammen weder in einer gemäßigten Kürtze oder Länge, noch in einem genauen Zusammenhange stehet, so habt ihr einen schlimmen Geschmack. Das Sprichwort, daß man über den Geschmack nicht streiten müsse, kan euch eben deßhalber nicht zu statten kommen, weil ihr an einer Sache Geschmack finden könnet, welche durch den allgemeinen Ausspruch aller Kunstverständigen, nach einer genauen Untersuchung, wieder die Regeln der Natur, der Kunst, der Erfahrung, und wieder die Vernunfft selbst, abgefast befunden worden. Dann, wann das Sprichwort: Man muß nicht über den Geschmack streiten, auch in Absicht auf die Beschaffenheit der verschiedenen Dinge, als eine Grund-Regel angewendet werden dürffte; so würde man es in Glaubens-Sachen wieder das Gewissen, in der Sitten-Lehre zum Behuff der Laster, in Wissenschafften und Künsten zum Schutz der Unwissenheit, eben so wohl gebrauchen können, und nichts so schlimm, so falsch, so heßlich seyn, was einer nicht zu erwählen berechtiget wäre. Es kan kaum zur Noth von der Verschiedenheit des Geschmacks, geschweige zur Vertheidigung eines schlimmen, angeführet werden, und solte eigentlich nur von dem guten Geschmacke gebraucht werden, weil dieser allein derjenige ist, welchen man niemand abstreiten kan.

4 ALEXANDER GOTTLIEB BAUMGARTEN: Meditationes Philosophicae de Nonnullis ad Poema Pertinentibus, 1735. (Übersetzt von Albert Rieman. In: A. Riemann, Die Ästhetik A. G. Baumgartens, Halle 1928, S. 105–110, 114f., 119, 121–123, 126f., 129–131, 134–136, 142–146)

§ 1. Unter Rede ⟨Oratio⟩ verstehen wir eine Reihe von Worten, welche zusammenhängende Vorstellungen bedeuten. [...]

§ 2. Aus der Rede sind zusammenhängende Vorstellungen zu erkennen. [...]

§ 3. Vorstellungen, die wir durch den niederen Teil unseres Erkenntnisvermögens erhalten, sollen sensitiv heißen ⟨Repraesentationes sensitivae⟩.

Sensitiv nennen wir eigentlich das Begehren, soweit es einer verworrenen Vorstellung des Guten entspringt. Da aber verworrene wie dunkle Vorstellungen dem niederen Teil unseres Erkenntnisvermögens entstammen, so können wir diese Bezeichnung auch auf die Vorstellungen selbst übertragen, um sie von denen, die dem Verstande in allen möglichen Graden der Deutlichkeit gegeben werden, zu unterscheiden.

§ 4. Eine Rede, die aus sensitiven Vorstellungen besteht, soll sensitiv heißen. [...]

§ 5. Aus einer sensitiven Rede sind zusammenhängende sensitive Vorstellungen zu erkennen. § 2, § 4.

§ 6. Die verschiedenen Teile einer sensitiven Rede sind: 1. die sensitiven Vorstellungen, 2. deren Verknüpfung und 3. die Worte oder artikulierten Laute, die aus Buchstaben, als ihren Zeichen, bestehen. § 4, 1.

§ 7. Eine vollkommene sensitive Rede ⟨Oratio sensitiva perfecta⟩ ist eine Rede, deren einzelne Bestandteile die Erkenntnis sensitiver Vorstellungen vermitteln wollen. § 5.

§ 8. Eine sensitive Rede ist umso vollkommener, je mehr Bestandteile in ihr sensitive Vorstellungen erwecken. § 4. § 7.

§ 9. Eine vollkommene sensitive Rede ist ein Gedicht ⟨Poema⟩. Die Gesamtheit der Regeln, nach welchen ein Gedicht verfaßt werden muß, damit es poetisch sei, heißt die Wissenschaft von der Dichtkunst oder Poetik ⟨Philosophia poetica⟩. Die Fähigkeit ein Gedicht zu verfassen ist die Dichtkunst ⟨Poesis⟩ und derjenige, der sich dieser Gabe erfreut, ist ein Dichter ⟨Poeta⟩.

§ 10. Die verschiedenen Teile eines Gedichts sind: 1. die sensitiven Vorstellungen, 2. deren Verknüpfung und 3. ihre Zeichen, die Worte. § 9. § 6.

§ 11. Poetisch soll alles heißen, was irgendwie zur Vollkommenheit eines Gedichtes beitragen kann.

§ 12. Die sensitiven Vorstellungen sind nach § 10 Teile des Gedichtes und daher nach § 11 und § 7 poetisch. Nach § 3 können nun die sensitiven Vorstellungen sowohl dunkel ⟨obscurae⟩ wie auch klar ⟨clarae⟩ sein; poetische Vorstellungen sind demnach sowohl dunkel wie auch klar.

Es können allerdings die Vorstellungen von einer Sache für den einen dunkel, für einen anderen klar und für einen dritten schließlich begrifflich deutlich ⟨distinctae⟩ sein. Wir verstehen aber unter Vorstellungen, die in einer Rede zum Ausdruck kommen sollen, nur solche, die man beim Sprechen mitzuteilen beabsichtigt. Es handelt sich hier also um Vorstellungen, die der Dichter in seinem Gedicht ausdrücken will.

§ 13. Dunkle Vorstellungen enthalten nicht so viele Vorstellungen von Merkmalen als erforderlich sind, um das Vorgestellte wieder zu erkennen und von anderen Vorstellungen zu unterscheiden. Wohl ist dies aber bei klaren Vorstellungen der Fall (nach Def.). Es werden also mehr verschiedene Teile zur Mitteilung sensitiver Vorstellungen beitragen, wenn die Vorstellungen klar sind, als wenn sie dunkel sind. Daher ist ein Gedicht, dessen Vorstellungen klar sind, vollkommener als eines, dessen Vorstellungen dunkel sind. Klare Vorstellungen sind also poetischer als dunkle. § 11.

Damit soll auch die irrige Ansicht derer zurückgewiesen werden, die glauben, je dunkler und unklarer sie sprechen können, desto poetischer sei es. Wir wollen aber auch nicht auf die Seite derer treten, die alle ausgezeichneten Dichter ablehnen wollen, weil sie mit ihren trüben Augen dort nur dichte Nacht und Finsternis zu sehen glauben [...]

§ 14. Begrifflich deutliche, vollständige, adäquate und bis in die tiefsten Tiefen dringende Vorstellungen sind nicht sensitiv und daher auch nicht poetisch § 11.

[...]

§ 15. Klare Vorstellungen sind nach § 13 poetisch. Nun können sie aber sowohl begrifflich deutlich, wie auch verworren* sein. Da die deutlichen Vorstellungen nach § 14 nicht poetisch sind, so sind es die verworrenen.

§ 16. Wenn in einer Vorstellung A mehr vorgestellt wird als in B, C, D usw., alle aber verworren sind, so ist A dem Umfange nach klarer ⟨extensive clarior⟩ als die übrigen.

Unsere genauere Feststellung dient nur dazu, diese Grade der Klarheit von jenen andern genugsam bekannten zu unterscheiden, die durch Deutlichkeit der Merkmale unsere Erkenntnis vertiefen und eine Vorstellung der Stärke nach klarer machen ⟨intensive clarior⟩.

§ 17. In extensiv sehr klaren Vorstellungen wird mehr sensitiv vorgestellt als in weniger klaren, § 16. Solche tragen deshalb zur Vollkommenheit des Gedichtes mehr bei, § 7. Deswegen sind die Vorstellungen von größerer extensiver Klarheit ganz besonders poetisch.

§ 18. Je mehr die Dinge bestimmt werden, desto umfassender werden ihre Vorstellungen. Je mehr Einzelheiten aber in einer verworrenen Vorstellung beisammen sind, desto größer wird nach § 16 ihre extensive Klarheit und desto poetischer wird sie, § 17. Es ist daher poetisch, die Dinge, die in einem Gedicht vorgestellt werden sollen, möglichst weitgehend zu bestimmen, § 11.

§ 19. Individuen sind in jeder Hinsicht bestimmt; daher sind Vorstellungen von Einzelwesen sehr poetisch, § 18.

———

§ 24. Vorstellungen von gegenwärtigen Veränderungen im Vorstellenden sind Empfindungen ⟨repraesentationes sensuales⟩. Diese sind nach § 3 sensitiv und also auch poetisch. § 12.

§ 25. Da Affekte merklichere Grade der Lust und der Unlust sind, ⟨notabiliores taedii et voluptatis gradus⟩ so werden

———

* Confusus: gemeint ist, die einzelnen Vorstellungsmerkmale verschmelzen in einem anschaulichen Gesamtbild (was ja bei jeder Sinneswahrnehmung der Fall ist).

ihre Empfindungen für das sich etwas vorstellende Subjekt verworren als Gutes und Schlimmes gegeben. Nach § 24 bestimmen sie daher poetische Vorstellungen. Darum ist es nach § 11 poetisch, Affekte zu erregen.

§ 26. Das kann auch auf folgende Weise bewiesen werden. Wenn etwas als gut und schlecht für uns vorgestellt wird, so wird dabei mehr für uns vorgestellt, als wenn das nicht der Fall wäre. Daher sind die Vorstellungen, die sich uns verworren als gut oder schlecht darbieten, extensiv klarer, als wenn sie uns nicht so gegeben würden, § 16, und also auch poetischer, § 17. Solche Vorstellungen aber erregen Affekte; daher ist es poetisch, Affekte zu erregen, § 11.

§ 27. Stärkere Empfindungen ⟨Sensiones fortiores⟩ sind von größerer Klarheit und somit auch poetischer als weniger klare und schwache, § 17. Ein heftigerer Affekt ist von stärkeren Empfindungen begleitet als ein weniger heftiger, § 25. Daher ist es ganz besonders poetisch, recht starke Affekte zu erregen. Das wird uns auch auf folgende Weise klar. Was wir uns verworren als sehr gut oder sehr schlecht vorstellen, wird extensiv klarer vorgestellt, als wenn es als weniger gut oder weniger schlecht vorgestellt würde, § 16. Deshalb ist es auch poetischer, § 17. Nun bestimmt aber die verworrene Vorstellung eines Dinges als sehr gut oder sehr schlecht für uns sehr starke Affekte. Daher ist es poetischer, sehr starke Affekte zu erregen als weniger starke.

§ 28. Einbildungen ⟨phantasmata⟩ sind sensitive Vorstellungen, § 3, und als solche poetisch, § 12.
[...]

§ 29. Einbildungen sind weniger klar als Empfindungen; sie sind daher auch weniger poetisch, § 17. Da Empfindungen durch Erregung von Affekten bestimmt werden, ist ein Gedicht, das Affekte erregt, vollkommener als eines voll toter Einbildungen, § 8, § 9. Es ist also poetischer, Affekte zu erregen, als Phantasien zu erzeugen.

_____

§ 38. Je klarer Einbildungen vorgestellt werden, umso ähnlicher werden sie sinnlichen Wahrnehmungen, so daß sie oft einer schwachen Wahrnehmung gleichkommen. Folglich ist es poetisch, Einbildungen möglichst klar vorzustellen, § 17. Also ist es auch poetisch, sie Wahrnehmungen möglichst ähnlich zu machen.

§ 39. Es ist Aufgabe der Malerei, ein Zusammengesetztes darzustellen. Dasselbe ist auch poetisch, § 24. Die Darstellung der Malerei ist dem sinnlichen Eindruck, den der zu malende Gegenstand in uns hervorruft, sehr ähnlich, sie ist also auch poetisch § 38. Daher sind ein Gedicht und ein Gemälde ähnlich, § 30.

Ut pictura poesis erit.*

An dieser Stelle muß der, der das Folgende vergleicht aus Gründen der Deutung zugeben, daß die Gleichsetzung von Dichtung ⟨Poesis⟩ mit Gedicht einerseits und Malerei andererseits nicht hinsichtlich der Kunstgattung, sondern der Wirkung zu verstehen ist. Doch darf dabei kein Zweifel an der ursprünglichen Bedeutung des Wortes Dichtung ⟨Poesis⟩ aufkommen, wie wir sie in § 9 streng methodisch aufgestellt und festgelegt haben. Bei einem solchen Schwanken im Gebrauch fast gleich bedeutender Worte haben sowohl die anderen Dichter, wie auch unser Horaz

Quidlibet audendi semper ⟨fuit⟩ aequa potestas.**

§ 40. Da die Malerei eine Einbildung nur in der Fläche darstellt, so kann es nicht ihre Sache sein, eine Bewegung in ihrem ganzen Verlauf darzustellen. Hingegen ist das die Art der Poesie, die, weil sie auch diese zeigt, dadurch an ihrem Gegenstande mehr vorstellt, als wenn sie diese nicht wiedergeben würde. Infolgedessen stellt sie die Dinge extensiv klarer vor, § 16. In poetischen Gemälden wollen also mehr Einzelheiten den Eindruck eines Ganzen erwecken, als in denen der Malerei: somit ist ein Gedicht vollkommener als ein Gemälde.

---

§ 45. Gegenständen, die Wunderbares enthalten, schenken wir gewöhnlich unsere Aufmerksamkeit. Werden solche aufmerksam betrachtete Gegenstände nun verworren vorgestellt, so werden sie dadurch extensiv klarer als andere, denen wir

---

* Horaz, A. P. Vers 361: Wie ein Gemälde wird das Gedicht sein.
** Horaz, A. P. Vers 10: Die gleiche Befugnis zu allem was sie nur wagen wollten.

unsere Aufmerksamkeit nicht zuwenden, § 16. Also sind Vorstellungen, in denen Wunderbares enthalten ist, poetischer als andere.

[...]

§ 46. Wo Verwunderung ist, da wird mehreres nicht verworren wiedererkannt, § 43, dies also auch weniger poetisch vorgestellt, § 42.

[...]

§ 47. Nach § 45 ist die Vorstellung von Wunderbarem poetisch, nach § 46 ist sie es in anderer Hinsicht nicht. Hieraus folgt ein Widerstreit der Regeln und eine notwendige Ausnahme.

§ 48. Wenn also Wunderbares vorgestellt werden soll, § 45, so muß doch etwas bei seiner Vorstellung verworren wiedererkannt werden können; d. h.: im Wunderbaren selbst geschickt Bekanntes mit Unbekanntem zu mischen, ist äußerst poetisch, § 47.

§ 49. Da Wunder Einzelhandlungen sind, ist ihre Darstellung ganz besonders poetisch, § 19. Da sie jedoch im Reich der Natur sehr selten geschehen, oder wenigstens sehr selten so aufgefaßt werden, so sind sie nach, § 43 wunderbar. Daher muß in sie Bekanntes und leicht Wiederzuerkennendes mit hineingebracht werden § 48.

Aus dem Begriff des Gedichtes, den wir in § 9 aufgestellt sehen, ergibt sich die Freiheit, Wunder zu berichten, was auch durch zahllose Beispiele der besten Dichter bestätigt wird. Wenn jedoch die Dichtkunst nur die Aufgabe haben sollte, die Natur nachzuahmen, so erscheint diese Freiheit als Zügellosigkeit. Denn die Natur hat wahrlich nichts mit Wundern gemein.

§ 50. Verworrene Vorstellungen, die aus zerlegten und wieder zusammengesetzten Einbildungen entstanden sind, sind Einbildungen und somit nach § 23 poetisch.

[...]

§ 51. Gegenstände solcher Vorstellungen sind entweder in der existierenden Welt möglich oder unmöglich. Letztere sind Erdichtungen ⟨Figmenta⟩, erstere könnte man wahre Erdichtungen ⟨Figmenta vera⟩ nennen.

§ 52. Gegenstände der Erdichtungen sind entweder nur in dieser oder in allen möglichen Welten unmöglich. Letztere nennen wir utopisch ⟨utopica⟩; sie sind absolut unmöglich. Die ersteren heißen wir heterokosmisch ⟨heterocosmica⟩. Von utopischen Vorstellungen können wir uns also keine Vorstellung machen, infolgedessen auch keine verworrene und mithin auch keine poetische.

§ 53. Nur die wahren und die heterokosmischen Erdichtungen sind poetisch, § 50, 52.

———

§ 59. Da wir bemerken, daß Wahrscheinliches öfters geschieht als Unwahrscheinliches, so stellt ein Gedicht, das wahrscheinliche Ereignisse berichtet, die Dinge poetischer vor, als wenn es unwahrscheinliche berichtete, § 56.

So groß auch der Bereich der löblichen Erdichtungen ist, so verliert er doch von Tag zu Tag an Boden, da sich die Grenzen des gesunden Menschenverstandes immer weiter ausdehnen. Es ist gar nicht zu sagen, wie viele utopische Erdichtungen von ehebrecherischen Göttern usw., die gegen § 47 verstoßen, einst auch die verständigsten Dichter brachten. Allmählich begann man über derartiges zu lachen, und jetzt muß man beim Erdichten nicht nur einen offenen Widerspruch, sondern auch einen Vernunftfehler oder eine widervernünftig erdichtete Wirkung vermeiden, [...]

———

§ 68. Es ist poetisch, von Wahrnehmungen und Einbildungen in einem Gedicht, welche nicht das Thema selbst sind, durch dieses bestimmt werden. Geschieht das nämlich nicht, so hängen sie nicht mit dem Thema zusammen; gerade die Verknüpfung aber ist poetisch, § 65.

So sind nun Grenzen gesetzt der Phantasie und der ungebändigten Zügellosigkeit mancher Geister, die gar leicht einen schlimmen Gebrauch von den früheren §§ machen könnten, welche die Einbildungen und Erdichtungen nicht nur zulassen, sondern auch sie vollkommen zu gestalten fordern. Denn jetzt sehen wir: Vorstellungen mögen an sich gut sein, aber beim Einordnen muß jede Wahrnehmung, jede Einbildung, jede Erdichtung ausscheiden:
Quod non proposito (dem Thema) conducat et haereat apte.*
Schon längst wurde bemerkt, daß der Dichter gewissermaßen ein

———

* Horaz, A. P. Vers 195: die mit dem Thema nicht zusammenstimmt und auch nicht in passender Weise verknüpft ist.

Schaffender, ein Schöpfer ist: es muß ein Gedicht demnach gleichsam eine Welt sein. Ganz analog muß also von einem Gedichte dasselbe gelten, was die Philosophen von der Welt erkannt haben.

§ 69. Wenn poetische Vorstellungen, welche nicht selbst Thema sind, durch das Thema bestimmt werden, so verbinden sie sich mit dem Thema und dadurch auch untereinander. Sie folgen daher aufeinander wie Grund und Folge. Es herrscht also eine merkliche Ähnlichkeit in der Art, wie sie aufeinander folgen, und im Gedicht ist somit eine Ordnung. Daher ist es poetisch, poetische Vorstellungen, welche nicht Thema sind, mit dem Thema zu verknüpfen, § 68. Ordnung ist also poetisch.

§ 70. Da die Ordnung in einer Folge von Vorstellungen Methode heißt, ist nach § 69 auch Methode poetisch. Diese poetische Methode aber wollen wir mit unserem Dichter, der den Dichtern eine lichtvolle Ordnung zuschreibt, die lichtvolle Methode nennen ⟨methodus lucida⟩.

§ 71. Die Hauptregel der lichtvollen Methode ist: die poetischen Vorstellungen müssen einander so folgen, daß das Thema allmählich immer extensiv klarer vorgestellt wird. Wenn das Thema sensitiv dargestellt werden soll, § 9, so wird dabei extensive Klarheit angestrebt, § 17. Wenn nun die vorausgehenden Vorstellungen das Thema extensiv klarer vorstellen als die folgenden, so tragen die letzteren nichts zu dessen poetischer Vorstellung bei, was sie nach § 68 doch tun sollten. Daher müssen die späteren Vorstellungen das Thema klarer wiedergeben als die vorausgehenden.

———

§ 77. Die Worte gehören nach § 10 zu den verschiedenen Bestandteilen eines Gedichtes. Folglich müssen sie poetisch sein, § 11, 9.

§ 78. An den Worten unterscheiden wir 1. die artikulierten Laute und 2. die Bedeutung. Je poetischer beide sind, desto vollendeter ist das Gedicht, § 7.

§ 79. Eine bildliche Bedeutung ⟨significatus improprius⟩ findet sich in einem bildlichen Ausdruck ⟨vox impropria⟩. Da nun die bildlichen Ausdrücke meist die eigentlichen Bezeichnungen für sensitive Vorstellungen sind, so sind die dichterischen Wendungen ⟨tropi⟩ poetisch: 1. weil die Vorstel-

lung, die durch die Umschreibung hinzutritt, sensitiv und damit auch poetisch ist, § 10, 11 und 2. weil die poetischen Umschreibungen zusammengesetzte verworrene Vorstellungen liefern, § 23.
[...]

§ 82. Da nach § 13 klare Vorstellungen poetischer sind als dunkle, so ist es poetisch, in bildlichen Redewendungen die Dunkelheit zu vermeiden und auch ihrer Anzahl diejenigen Grenzen zu setzen, welche die Klarheit bedingt.

§ 83. Metaphorische Ausdrücke sind uneigentliche Ausdrücke und somit nach § 79 poetisch und zugleich nach § 36 sehr poetisch. Sie sind deshalb mit Recht häufiger als andere bildliche Wendungen.
[...]

§ 85. Da eine Allegorie eine Reihe miteinander verbundener Metaphern ist, so enthält sie sowohl einzelne poetische Vorstellungen, § 79, als auch einen stärkeren Zusammenhang, als wenn verschiedenartige Metaphern zusammentreffen. Daher ist die Allegorie sehr poetisch, § 65, 8.

------

§ 108. Wenn man den Begriff des Nachahmens ⟨imitari⟩ auf eine Person anwendet, so heißt das doch wohl, daß der etwas nachahmt, der ein diesem Ähnliches hervorbringt. Folglich kann eine Wirkung, die einer andern ähnlich ist, deren Nachahmung ⟨imitamen⟩ genannt werden, mag sie nun absichtlich oder aus einem andern Grund hervorgebracht worden sein.

§ 109. Wenn ein Gedicht eine Nachahmung der Natur oder eine von Handlungen heißen soll, so wird verlangt, daß seine Wirkung denen der Natur ähnlich sei, § 107.
[...]

§ 110. Vorstellungen, die von der Natur, d. h. dem innern Prinzip der Veränderungen im Universum, und den davon abhängenden Handlungen hervorgebracht werden, sind nie unmittelbar deutlich und intellektuell, sondern sensitiv, aber von außerordentlicher extensiver Klarheit, § 24, 16. Sie sind als solche auch poetisch, § 9, 17. Die Natur also (wenn es gestattet ist von einer substantialisierten Erscheinung ⟨phaenomenon substantiatum⟩ und den davon abhängenden Tätigkeiten gleichsam als von einer Substanz zu sprechen) und der Dichter bringen Ähnliches hervor, § 16. Infolgedessen ist das Gedicht eine Nachahmung der Natur und der von ihr abhängenden Handlungen, § 108.

§ 111. Wenn jemand Gedicht ⟨poema⟩ definieren wollte als „gebundene Rede" (carmen, § 104), in der Handlungen oder die Natur nachgeahmt werden, so hat er zwei Hauptbegriffe, die sich gegenseitig nicht bestimmen; beide können aber aus unseren §§ 104 und 109 bestimmt werden. Da bei uns hierin Übereinstimmung herrscht, glauben wir dem Wesen der Dichtkunst etwas näher gekommen zu sein.

Siehe Aristoteles, De arte poetica, cap. I, Vossius, De artis poeticae natura et constitutione, cap. IV, § 1, und die Kritische Dichtkunst des hochberühmten Joh. Christoph Gottsched, p. 82 und 118.

[...]

§ 115. Die Philosophia Poetica ist nach § 9 diejenige Wissenschaft, welche die sensitive Rede zur Vollkommenheit leiten soll. Da wir beim Sprechen diejenigen Vorstellungen haben, welche wir mitteilen, so setzt auch die Philosophia Poetica beim Dichter dieses untere sensitive Vermögen voraus. Es wäre nun Aufgabe der Logik im allgemeineren Sinne, dieses Vermögen beim sensitiven Erkennen der Dinge zu leiten. Wer jedoch unsere Logik kennt, weiß, wie brach dieses Feld noch liegt. Wie aber, wenn der Logik nur durch ihre Definition jene allzuengen Grenzen gezogen würden, in die sie faktisch eingeschlossen ist? Denn sie gilt doch als die „Wissenschaft, etwas philosophisch zu erkennen", oder als die „Wissenschaft, die das obere Erkenntnisvermögen bei der Erkenntnis der Wahrheit leitet". Dann wäre den Philosophen Gelegenheit gegeben, nicht ohne reichen Gewinn diejenigen Künste zu untersuchen, durch welche das niedere Erkenntnisvermögen verfeinert, geschärft, und glücklicher zum Nutzen der Welt angewandt werden könnte. Da die Psychologie feste Prinzipien gibt, zweifle ich nicht, daß es eine Wissenschaft geben könne, die die Aufgabe hat, das untere Erkenntnisvermögen zu leiten oder eine Wissenschaft vom sensitiven Erkennen ⟨scientia sensitive quid cognoscendi⟩.

§ 116. Da die Definition vorliegt, so kann leicht eine endgültige Bezeichnung erdacht werden. Schon die griechischen Philosophen und die Kirchenväter haben immer genau zwischen Aistheta und Noeta unterschieden. Dabei war für sie offensichtlich Aistheta nicht gleichzusetzen mit sinnlich Wahrnehmbarem; denn auch gegenwärtig nicht vorhandene Gegenstände (also Einbildungen) lassen sich so bezeichnen. Es ist also die Noeta als das, was mit Hilfe des oberen Erkenntnisvermögens erkannt wird, Gegenstand der Logik; die Aistheta gehören der ästhetischen Wissenschaft, oder der Ästhetik an.

––––––

§ 117. Ein Philosoph trägt so vor, wie er denkt, und hat deshalb beim Vortrag keine oder doch nur sehr wenige besondere Regeln zu befolgen. Die Ausdrücke als artikulierte Laute betrachtet, kümmern ihn nicht; denn sie gehören zu den Aistheta. Diesen letzteren muß der mehr Rechnung tragen, der sensitiv vorträgt. Folglich dürfte der Abschnitt über den Vortrag in der Ästhetik umfassender sein als in der Logik. Da der Vortrag nun vollkommen oder unvollkommen sein kann, so handelt von der letzteren Art die Allgemeine Rhetorik als die Wissenschaft, wie man sensitive Vorstellungen im allgemeinen „unvollkommen" vorträgt ⟨rhetorica generalis, scientia de imperfecte repraesentationes sensitivas proponendo in genere⟩ und von der ersteren die Allgemeine Poetik als die Wissenschaft, wie man sensitive Vorstellungen im allgemeinen „vollkommen" vorträgt ⟨poetica generalis, scientia de perfecte proponendo repraesentationes sensitivas in genere⟩. Die Einteilung dieser Wissenschaften in eine heilige, eine profane, eine gerichtliche, eine darstellende und beschließende Rhetorik, ferner die der Poetik in eine epische, dramatische und lyrische nebst ihren verschiedenen entsprechenden Arten, sollten die Philosophen den Lehrern der Redekunst überlassen, welche die historische und praktische Kenntnis dieser Künste vermitteln sollen. Sie selbst sollten sich damit beschäftigen, im allgemeinen die Grenzlinien zu ziehen und insbesondere die Grenze zwischen Poesie und prosaischer Rede genau festlegen. Zwar unterscheiden sich diese beiden nur dem Grade nach, doch erfordern sie, wie ich glaube, in der Bestimmung des hüben oder drüben zulässigen Umfangs einen nicht geringeren Meßkünstler als die Grenzen der Phryger und Myser.

5   Johann Jacob Breitinger: Critische Dichtkunst. (Zürich, bey Conrad Orell und Comp. 1740)

Aus: Der dritte Abschnitt. Von der Nachahmung der Natur. (S. 60f.)

Da nun alle Dinge, welche die Natur dem Mahler und Poeten zur Nachahmung vorleget, entweder in das Reich der möglichen oder in das Reich der würcklichen Dinge gehören, so ist hieraus offenbar, daß die Vorstellungen dieser beyden Künste in Ansehung der Materien sich auf das würckliche oder mögliche Wahre gründen müssen, wann sie uns gefallen sollen. Denn es giebt zwo Gattungen des Wahren in der Natur, eines hat alleine in der gegenwärtigen Welt Plaz, das andere aber findet sich nur in der Welt der möglichen Dinge; jenes können wir das historische, und dieses das poetische Wahre nennen: Beyde dienen zwar zu unterrichten, aber das leztere hat noch den besonderen Vortheil, daß es uns zugleich durch das Verwundersame einnimmt und belustigt, da es Dinge, die nicht würcklich sind, in unsere Gegenwart bringet; und eben hierinnen lieget der Grund des Ergetzens, das von der Materie der poetischen Schildereyen herrühret;

Aus: Der fünfte Abschnitt. Von dem Neuen. (S. 110–112)

Das poetische Wahre ist der Grundstein des Ergetzens, weil das Unnatürliche und Unmögliche uns niemahls gefallen kan: Aber die Neuheit ist eine Mutter des Wunderbaren, und hiemit eine Quelle des Ergetzens. Selbst die philosophische Wahrheit, die auf die Erleuchtung des Verstandes zielet, kan uns nicht gefallen, wenn sie nicht neu und unbekannt ist; niemand läßt sich gerne immer vorsagen, die Sonne mache helle, die Menschen können sterben, und s. f. Und aus dieser Ursache hat die Fabel schon in den ältesten Zeiten ihren Ursprung bekommen, weil man nemlich bedacht seyn müssen, dem Menschen durch dieses Mittel die nützlichsten, aber zugleich bekanntesten moralischen Wahrheiten auf eine angenehme Weise beyzubringen. Wahrhaftig, nichts zeiget deutlicher daß das Wunderbare allemahl angenehm ist, als der Fleiß, den ein jeder, der etwas erzehlet, anwendet, die Wahrheit aufzuputzen, und ihr einen Zusatz zu geben, damit sie den Zuhörenden desto ge-

fälliger werde, wie Aristoteles in seiner poetischen Kunst angemercket hat.

Wenn ich demnach sage, daß das Neue und Ungemeine die
einzige Quelle des Ergetzens sey, welches die Poesie hervorbringet, so begreiffe ich unter diesem Titel des Neuen alles dasjenige, was nicht durch den täglichen Gebrauch und Umgang
bekannt und gewohnt, und daher auch in dem Wahne der
Menschen gering und verächtlich worden ist; hiemit alles, was
selten gefunden wird, was der Zeit oder des Orts halber von
unserer Einsicht allzuweit entfernet ist, was mit unsern Begriffen, Sitten und Gewohnheiten nicht übereinstimmet, und eben
durch seinen fremden Aufzug die Sinnen kräftig einnimmt,
und eine aufmercksame und angenehme Bewunderung in uns
verursachet. Da wir nun alles, was uns gefällig ist, und uns belustiget, schön zu nennen pflegen, uns aber nichts gefällig seyn,
noch uns belustigen kan, als was auf die Wahrheit gegründet
und dabey neu ist, so sehen wir zugleich, worinnen das poetische Schöne bestehet, nemlich, es ist ein hell leuchtender
Strahl des Wahren, welcher mit solcher Kraft auf die Sinnen
und das Gemüthe eindringet, daß wir uns nicht erwehren können, so schwer die Achtlosigkeit auf uns lieget, denselbigen zu
fühlen; es ist unsere angebohrne vorwitzige Begierde nach
Wissenschaft, mit einem Abscheu gegen alle Unwissenheit
vergesellschaftet. Wie nun eine jede Begierde ein angenehmes
Vergnügen hinterläßt, wenn sie des vermeinten Gutes, wor-
nach sie sich sehnet, theilhaftig wird, also wird auch unser
Verlangen nach Wissen niemals ohne Ergetzen gespeiset. Je
neuer demnach, je unbekannter, je unerwarteter eine Vorstellung ist, desto grösser muß auch das Ergetzen seyn. Nun aber
kan nichts neueres seyn, als das Wunderbare, das uns durch
das blosse Ansehen entzücket und mit Verwunderung anfüllet,
und folglich ist auch nichts angenehmer.

Aus: Der sechßte Abschnitt. Von dem Wunderbaren und dem
Wahrscheinlichen. (S. 128f., 134–137, 138f.)

Wer meine gegebene Erklärung von dem Neuen, als der Ur-
quelle aller poetischen Schönheit, vor Augen hat, wird leicht
gedencken können, daß auch dieses Neue seine verschiedenen
Grade und Staffeln haben müsse, je nachdem es mehr oder we-

niger von unsren Sitten abgehet, und sich entfernet. Nach dem Grade dieser Entfernung wächßt und verstärcket sich die Verwunderung, die durch das Gefühl dieser Neuheit in uns entstehet; wenn denn die Entfernung so weit fortgehet, biß eine Vorstellung unsern gewöhnlichen Begriffen, die wir von dem ordentlichen Laufe der Dinge haben, entgegen zu stehen scheinet, so verliehret sie den Nahmen des Neuen, und erhält an dessen statt den Nahmen des Wunderbaren. Sobald ein Ding, das das Zeugniß der Wahrheit oder Möglichkeit hat, mit unsren gewöhnlichen Begriffen zu streiten scheinet, so kan es uns nicht bloß als neu und ungewohnt vorkommen, sondern es wird das Gemüthe in eine angenehme und verwundernsvolle Verwirrung hinreissen, welche daher entspringet, weil wir mit unserm Verstand durch den reizenden Schein der Falschheit durchgedrungen, und in dem vermeinten Widerspruch ein geschicktes Bild der Wahrheit und eine ergezende Übereinstimmung gefunden haben.

Demnach ist das Wunderbare in der Poesie die äusserste Staffel des Neuen, da die Entfernung von dem Wahren und Möglichen sich in einen Widerspruch zu verwandeln scheinet. Das Neue gehet zwar von dem gewöhnlichen Laufe und der Ordnung der Dinge auch ab, doch entfernet es sich niemahls über die Gräntzen des Wahrscheinlichen, es mag uns in Vergleichung mit unsern Gewohnheiten und Meinungen noch so fremd und seltzam vorkommen, so behält es doch immer den Schein des Wahren und Möglichen. Hingegen leget das Wunderbare den Schein der Wahrheit und Möglichkeit ab, und nimmt einen unbetrüglichen Schein des Falschen und Widersprechenden an sich; es verkleidet die Wahrheit in eine gantz fremde aber durchsichtige Maske, sie den achtlosen Menschen desto beliebter und angenehmer zu machen. In dem Neuen herrschet dem Scheine nach das Wahre über das Falsche; in dem Wunderbaren hat hingegen der Schein des Falschen die Oberhand über das Wahre.

Ich begreiffe demnach unter dem Nahmen des Wunderbaren alles, was von einem andern widerwärtigen Bildniß oder vor wahr angenommenen Satze ausgeschlossen wird; was uns, dem ersten Anscheine nach, unsren gewöhnlichen Begriffen von dem Wesen der Dinge, von den Kräften, Gesetzen und dem

Laufe der Natur, und allen vormahls erkannten Wahrheiten in dem Licht zu stehen, und dieselben zu bestreiten däncket. Folglich hat das Wunderbare für den Verstand immer einen Schein der Falschheit; weil es mit den angenommenen Sätzen desselben in einem offenbaren Widerspruch zu stehen scheinet: Alleine dieses ist nur ein Schein, und zwar ein unbetrüglicher Schein der Falschheit; das Wunderbare muß immer auf die würckliche oder die mögliche Wahrheit gegründet seyn, wenn es von der Lügen unterschieden seyn und uns ergetzen soll. Denn wofern der Widerspruch zwischen einer Vorstellung und unsren Gedancken eigentlich und begründet wäre, so könnte eine solche keine Verwunderung in uns gebähren, eben so wenig, als eine offenbare Lüge oder die Erzehlung von lediglich unmöglichen und ungläublichen Dingen den Geist des Menschen rühren und belustigen kan; und falls das Wunderbare aller Wahrheit beraubet seyn würde, so wäre der gröbeste Lügner der beste Poet, und die Poesie wäre eine verderbliche Kunst. Die Poeten sind dem Junius Brutus gleich, der witzig und gescheut war, ob er gleich dem König Tarquinius, dem Stolzen, als wahnwitzig vorkam, weil er sich mit Fleiß angestellet, als ob er im Hirn verrüket wäre, damit er seine Anschläge und Anstalten, der Tyrannie dieses Fürsten ein Ende zu machen, unter dieser Verstellung desto sicherer verbergen möchte. Also sind auch die vermeinten Deliria und Ausschweiffungen der poetischen Phantasie mit einer verwundersamen Urtheils-Kraft begleitet, und ein bequemes Mittel, die Aufmercksamkeit der Menschen zu erhalten, und ihre Besserung zu befördern. Das Wunderbare ist demnach nichts anders, als ein vermummtes Wahrscheinliches.

———

Ich verstehe durch das Wahrscheinliche in der Poesie alles, was nicht von einem andern widerwärtigen Begriff, oder für wahr angenommenen Satze ausgeschlossen wird, was nach unsren Begriffen eingerichtet zu seyn, mit unsrer Erkenntniß und dem Wesen der Dinge und dem Laufe der Natur übereinzukommen, scheinet; hiemit alles, was in gewissen Umständen und unter gewissen Bedingungen nach dem Urtheil der Verständigen möglich ist, und keinen Widerspruch in sich hat. Dieses Wahrscheinliche gründet sich demnach auf eine Vergleichung mit unsren Meinungen, Erfahrungen, und angenommenen Sätzen, nach welchen wir unsren Beyfall einzurichten, und die Glaubwürdigkeit einer Vorstellung zu beurtheilen pflegen, und es bestehet in einer Übereinstimmung mit denselben. Hiemit ist es nicht dem lediglich Unmöglichen, wie das Wahre, sondern dem Wunderbaren, welches nur einen Schein der Falschheit hat, entgegen gesetzet. Ich habe an einem andern Orte angemercket, daß in dem weitläufigsten Verstande alles kan wahrscheinlich genennt werden, was durch die unendliche Kraft des Schöpfers der Natur möglich ist, hiemit alles, was mit denen ersten und allgemeinen Grundsätzen, auf welchen alle Erkenntniß der Wahrheit beruhet, in keinem Widerspruch stehet. Das Unmögliche und sich selbst Widersprechende hat auch in der Macht des Schöpfers keinen Grund der Wahrheit, und der menschliche Verstand kan solches keinesweges begreiffen. Also ist unmöglich, daß etwas zugleich seyn und nicht seyn, so und anderst seyn könne; daß etwas ohne einen zureichenden Grund seiner Würcklichkeit seyn könne; daß ein Theil so groß sey, als sein Gantzes; daß zwo grade Zahlen miteinander verbunden eine ungrade Zahl ausmachen, und so fort. Was mit diesen und andern dergleichen sich selbst beweisenden Grundsätzen streitet, das ist eine offenbare Lüge, und hat in keinen Umständen und unter keiner Bedingung einige Möglichkeit; angesehen es auch lediglich unmöglich ist, daß durch die göttliche Kraft selbst etwas von dieser Art seyn könne. Das Unwahrscheinliche in der Poesie hat allemahl eine Möglichkeit schlechterdings zu reden, die in der Macht des Schöpfers der Natur gegründet ist; es ist unwahrscheinlich und unmöglich alleine in Absicht auf gewisse ausgesezte Bedingungen und Umstände, mit und in welchen es vorkömmt, wenn es mit denselben in einem Widerspruch stehet, ob es gleich unter andern Bedingungen und in andern Umständen nicht unmöglich wäre. Der Schöpfer der Natur hat allen erschaffenen Dingen ein ausgeseztes Wesen, Kraft und Vermögen mitgetheilet, er hat ihnen gewisse Gesetze vorgeschrieben, nach welchen sie ihre Handlungen einrichten müssen, er hat sie auch der Zeit und des Ortes halber nach gewissen Absichten mit einander verknüpfet: Was nun durch die Kraft dieser erschaffenen Wesen nach denen bestimmeten Gesetzen der Bewegung und dem Laufe der Natur in gewissen Umständen möglich ist, das ist wahrscheinlich, weil es mit unsern gewöhnlichen Begriffen übereinstimmet; und dieses Wahrscheinliche ist von dem Wahren alleine darinnen unterschieden, daß es kein genugsames Zeugniß der Würcklichkeit hat. Weil aber die gegenwärtige Einrichtung der Welt der würcklichen Dinge nicht schlechterdings nothwendig ist, so hätte der Schöpfer bey andern Absichten Wesen von einer gantz andern Natur erschaffen, selbige in eine andere Ordnung zusammen verbinden, und ihnen gantz andere Gesetze vorschreiben können: Da nun die Poesie eine Nachahmung der Schöpfung und der Natur nicht nur in dem Würcklichen, sondern auch in dem Möglichen ist, so muß ihre Dichtung, die eine Art der Schöpfung ist, ihre Wahrscheinlichkeit entweder in der Übereinstimmung mit den gegenwärtiger Zeit eingeführten Gesetzen und dem Laufe der Natur gründen, oder in den Kräften der Natur, welche sie bey andern Absichten nach unsern Begriffen hätte ausüben können. Beydemahl bestehet die Wahrscheinlichkeit darinn, daß die Umstände mit der Absicht übereinstimmen, daß sie selber in einander gegründet seyn, und sich zwischen denselben kein Widerspruch erzeige. Was die Erdichtung und Aufstellung gantz neuer Wesen und neuer Gesetze anbelanget, so hat der Poet dießfalls eine grosse Vorsicht und Behutsamkeit zu gebrauchen, daß das Wunderbare nicht ungläublich werde und allen Schein der Wahrheit verliehre. Es muß darum, seine Freyheit zu erdichten, wenigst nach dem Wahne des grösten Haufens der Menschen einschräncken, und nichts vorbringen, als was er weiß, daß es schon einigermaassen in demselben gegründet ist.

———

Man muß also das Wahre des Verstandes und das Wahre der Einbildung wohl unterscheiden; es kan dem Verstand etwas falsch zu seyn düncken, das die Einbildung für wahr annimmt: Hingegen kan der Verstand etwas für wahr erkennen, welches der Phantasie als ungläublich vorkömmt; und darum ist gewiß, daß das Falsche bisweilen wahrscheinlicher ist, als das Wahre. Das Wahre des Verstandes gehöret für die Weltweißheit, hingegen eignet der Poet sich das Wahre der

Einbildung zu; daher hat Aristoteles im fünf und zwanzigsten Cap. der Poetick gesagt: „Der Poet muß die unmöglichen Dinge, wenn solche nur wahrscheinlich sind, denen möglichen, die bey ihrer Möglichkeit ungläublich sind, vorziehen." Er hat nicht nöthig seine Vorstellungen vor wahr zu verkauffen; wenn sie nur nicht ungläublich sind, so eröffnen sie ihm schon den Zugang zu dem menschlichen Hertzen, so daß er dadurch die erforderliche Würckung auf dasselbe thun kan. Die eigenthümliche Kunst des Poeten bestehet demnach darinnen, daß er die Sachen, die er durch seine Vorstellung angenehm machen will, von dem Ansehen der Wahrheit bis auf einen gewissen Grad künstlich entferne, jedoch allezeit in dem Maasse, daß man den Schein der Wahrheit auch in ihrer weitesten Entfernung nicht gäntzlich aus dem Gesicht verliehret. Folglich muß der Poet das Wahre als wahrscheinlich und das Wahrscheinliche als wunderbar vorstellen, und hiemit hat das poetische Wahrscheinliche immer die Wahrheit, gleichwie das Wunderbare in der Poesie die Wahrscheinlichkeit zum Grunde.

6   JOHANN CHRISTOPH GOTTSCHED: Versuch einer Critischen Dichtkunst. (Dritte vermehrte Auflage, Leipzig 1742)

Aus: Neue Vorrede zur dritten Auflage. (S. 19, 21–23)

Ich [...] rechne es mir mit größerm Rechte für eine Ehre an, daß ich in dem Vorsatze, eine Critische Dichtkunst zu schreiben, seit einiger Zeit einen Nachfolger bekommen habe. Ein gelehrter Mann und Kunstrichter in Zürich hat sich die Mühe genommen, diejenige Bahn, die ich nunmehr vor dreyzehn Jahren, als ein junger Schriftsteller zuerst gebrochen, auch zu betreten, und ein doppelt stärkeres und folglich theureres Buch, als dieses meinige ist, von der Dichtkunst ans Licht zu stellen. Und was das angenehmste bey der ganzen Sache ist, so hat dieser tiefsinnige Mann, seiner gelehrten Waare keinen bessern und reizender Titel geben zu können geglaubet, als wenn er ihn meinem Buche abborgete, und das seinige gleichfalls eine Critische Dichtkunst betitelte.

————

Es kömmt bey den Büchern nicht nur auf ihren Titel, sondern auch auf den Inhalt an. So gleichlautend oft jener auf zweyen Werken ist, so ungleich kann doch dieser letztere seyn; und ich darf mich, ohne stolz zu thun, nur auf die zürcher, und leipziger critische Dichtkunst beruffen. Der Inhalt unsrer Bücher ist in den allermeisten Stücken und Capiteln so weit von einander unterschieden, daß man sie schwerlich für einerley Buch halten wird, wenn man sie nur ein wenig betrachten will. Z. E. Da ich in meiner Dichtkunst, nach der allgemeinen Abhandlung des Zubehörs zur Poesie, von allen üblichen Arten der Gedichte gehandelt, und einer jeden ihre eignen Regeln vorgeschrieben habe; dadurch Anfänger in den Stand gesetzt werden, sie auf untadeliche Art zu verfertigen; Liebhaber hingegen, dieselben richtig zu beurtheilen: so hält die zürcherische Dichtkunst nichts von dem allen in sich. Man wird daraus weder eine Ode, noch eine Cantate; weder ein Schäfergedichte, noch eine Elegie; weder ein poetisches Schreiben, noch eine Satire; weder ein Sinngedicht, noch ein Lobgedicht; weder eine Epopee, noch ein Trauerspiel; weder eine Comödie noch eine Oper machen lernen. Alles dieses steht in der zürcher Dichtkunst nicht: es sey nun, weil etwa in allen diesen Stücken die Critik nichts zu sagen hat; oder weil man ein Poet seyn kann, ohne eins von allen diesen Stücken zu verfertigen. Wer also dieselbe in der Absicht kaufen wollte, diese Arten der Gedichte daraus abfassen zu lernen, der würde sich sehr betrügen, und sein Geld hernach zu spät bereuen.

Ich weis gewiß, daß viele hier voller Verwunderung fragen werden: wasdenn nun endlich in einer Dichtkunst von zween starken Octavbänden stehen könne, wenn es an den wesentlichsten Theilen eines solchen Buches fehlet? Allein diese Frage wird mir gewiß niemand machen, als der sich nicht besinnet, daß der Urheber derselben einer von den bekannten Züricher Malern sey, welche vor zwanzig Jahren, in ihren sogenannten Discursen, die Sitten ihrer Stadt abgeschildert haben. Hat nun Herr von Fontenelle richtig geurtheilet, daß jedermann die Welt mit solchen Augen ansehe, die sich zu seinen Absichten schikken; der Held z. E. für einen schönen Platz, Menschen zu erwürgen; der Gärtner für einen bequemen Raum, Gärten zu pflanzen; der Verliebte, für eine gute Gegend zu buhlerischen Abentheuern u. s. w. was war wohl von unserm Maler anders zu vermuthen, als daß er die ganze Dichtkunst in eine Kunst zu Malen, verwandeln, und von lauter poetischen Malereyen, und denen dazu nöthigen Farben handeln würde? Fällt nun dabey jemanden die nützliche Regel ein, die obgedachten Züricher Malern, von einem Kustverständigen aus Hamburg, in einem schönen Sinngedichte gegeben worden, das im III. B. der Poesie der Niedersachsen, auf der 250sten S. steht; und verlangt er von mir zu wissen, ob sie in diesem Buche besser beobachtet worden, als in jenen sittlichen Malereyen? so muß ich ihm aus Höflichkeit die Antwort so lange schuldig bleiben, bis wir in Leipzig die zürcherische Bergsprache besser werden gelernet haben.

Aus: Das II. Capitel. Von dem Charactere eines Poeten. (S. 98, 108f.)

5. §. Ich sage also erstlich: ein Poet sey ein geschickter Nachahmer aller natürlichen Dinge: und dieses hat er mit den Malern, Bildhauern, Musikverständigen u. a. m. gemein. Er ist aber zum andern, auch von ihnen unterschieden; und zwar durch die Art seiner Nachahmung, und durch die Mittel, wodurch er sie vollzieht. Der Maler ahmet sie durch Pinsel und Farben nach; der Bildschnitzer durch Holz und Stein oder auch durch den Guß in allerhand Metallen; der Tanzmeister durch den Schritt und die Bewegungen des ganzen Leibes; der Tonkünstler durch den Tact und die Harmonie: der Poet aber thut es durch eine tactmäßig abgemessene, und sonst wohl eingerichtete Rede; oder welches gleich viel ist, durch eine harmonisch und wohlklingende Schrift, die wir ein Gedichte nennen.

17. §. So nothwendig nun einem Poeten die Philosophie ist: so stark muß seine Beurtheilungskraft seyn. Es würde nichts helfen, witzig und scharfsinnig zu seyn, wenn der Witz übel angebracht würde, oder gar nicht rechter Art wäre. Eine gar zu hitzige Einbildungskraft macht unsinnige Dichter: dafern das Feuer der Phantasie nicht durch eine gesunde Vernunft gemäßiget wird. Nicht alle Einfälle sind gleich schön, gleich wohlgegründet, gleich natürlich und wahrscheinlich. Das Ur-

theil des Verstandes muß Richter darüber seyn. Es wird nirgends leichter ausgeschweifet, als in der Poesie. Wer seinen regellosen Trieben den Zügel schießen läßt, dem geht es wie dem jungen Phaeton. Er hat wilde Pferde zu regieren; aber sehr wenig Verstand und Kräfte sie zu bändigen, und auf der rechten Bahn zu halten; sie reißen ihn fort, und er muß folgen wohin sie wollen, bis er sich in den Abgrund stürzet. So ist es mit einem gar zu feurigen poetischen Geiste auch bewandt. Er reißt sich leicht aus den Schranken der Vernunft: und es entstehen lauter Fehler aus seiner Hitze, wenn sie nicht durch ein reifes Urtheil gezähmet wird. Staius, Claudianus, Lucanus und der tragische Seneca können uns unter den Lateinern zur Warnung dienen. St. Evremont hält den Brebeuf, der die Pharsale des Lucanus übersetzet hat, seinem Originale nicht nur gleich; sondern sagt gar, daß er denselben noch, an wildem Feuer der Einbildung, übertroffen habe. Von den Italienern und Spaniern hat uns Bouhours in hundert Exempeln die Früchte gar zu hitziger Geister gewiesen, die keine Prüfung der Vernunft aushalten. Unter den Engländern aber, die überhaupt sehr stark zu den Ausschweifungen der Phantasie geneigt sind, hat Milton, alles was man dadurch schwärmendes machen kann, in seinem verlohrnen Paradiese gewiesen. Von unsern Landsleuten mag ich kein Exempel anführen. Es ist bekannt, daß Hofmannswaldau und Lohenstein nebst einigen Neuern, dem verderbten italienischen Geschmacke gefolget sind, und ihr Feuer nicht allemal zu mäßigen gewußt haben.

Aus: Das III. Capitel. Vom guten Geschmacke eines Poeten. (S. 124, 132)

Wer einen guten Geschmack hat, der muß richtig von der klar empfundenen Schönheit eines Dinges urtheilen: das ist, er muß nichts für schön halten, was nicht wahrhaftig schön ist; und nichts für häßlich erklären, was nicht häßlich ist. Der Probierstein dieses Urtheils darf nicht weit gesucht werden. Man findet ihn in den Regeln der Vollkommenheit, die sich für jede besondre Art schöner Dinge, a. d. s. Gebäude, Schildereyen, Musiken und s. w. schicken, und die von rechten Meistern derselben deutlich begriffen und erwiesen worden. Ich ziehe also hieraus den Lehrsatz, der in allen freyen Künsten von großem Nutzen seyn wird: [Derjenige Geschmack ist gut, der mit den Regeln übereinkömmt, die von der Vernunft, in einer Art von Sachen, allbereit fest gesetzet worden.]

Die Schönheit eines künstlichen Werkes, beruht nicht auf einem leeren Dünkel; sondern sie hat ihren festen und nothwendigen Grund in der Natur der Dinge. Gott hat alles nach Zahl, Maaß und Gewicht geschaffen. Die natürlichen Dinge sind an sich selber schön: und wenn also die Kunst auch was schönes hervorbringen will, so muß sie dem Muster der Natur nachahmen. Das genaue Verhältnis, die Ordnung und richtige Abmessung aller Theile, daraus ein Ding besteht, ist die Quelle aller Schönheit. Die Nachahmung der vollkommenen Natur, kann also einem künstlichen Werke die Vollkommenheit geben, dadurch es dem Verstande gefällig und angenehm wird: und die Abweichung von ihrem Muster, wird allemal etwas ungestaltes und abgeschmacktes zuwege bringen.

Aus: Das IV. Capitel. Von den dreyen Gattungen der poetischen Nachahmung, und insonderheit von der Fabel. (S. 142f., 144f., 148, 150f.)

Die Nachahmung der Natur, darinnen, wie oben gewiesen worden, das Wesen der ganzen Poesie besteht, kann auf dreyerley Art geschehen. Die erste ist eine bloße Beschreibung, oder sehr lebhafte Schilderey von einer natürlichen Sache, die man nach allen ihren Eigenschaften, Schönheiten oder Fehlern, Vollkommenheiten oder Unvollkommenheiten seinen Lesern klar und deutlich vor die Augen malet, und gleichsam mit lebendigen Farben entwirft: so daß es fast eben so viel ist, als ob sie wirklich zugegen wäre. Dieses nun mit rechter Geschicklichkeit zu verrichten, das ist eine gar feine Gabe: und man hat es dem Homer zu großem Lobe angemerket, daß ein berühmter griechischer Maler, der eine Minerva zu schildern willens war, zu dem Ende erst in der Ilias die Beschreibung dieser Göttin nachgeschlagen, sie durchgelesen, und sich dadurch eine lebhafte Abbildung von ihr gemachet. Solche Malerey eines Poeten nun, erstrecket sich noch viel weiter, als die gemeine Malerkunst. Diese kann nur für die Augen malen, der Poet hergegen kann für alle Sinne Schildereyen machen. Er wirket in die Einbildungskraft; und diese bringt die Begriffe aller empfindlichen Dinge fast eben so leicht, als Figuren und Farben hervor. Ja er kann endlich auch geistliche Dinge, als da sind innerliche Bewegungen des Herzens und die verborgensten Gedanken beschreiben und abmalen. Nur ist hierbey zu merken, daß ein Dichter seine Absicht niemals vergessen muß. Ein jedes endliches Ding hat zwo Seiten, eine gute und eine böse. Will man nun ein Ding loben, so muß man die erste; will man es aber tadeln, so muß man nur die andre abschildern. In beyden Bildern wird Wahrheit seyn, wenn man der Natur folget, und die Sache nicht zu hoch treibt. Hierwieder aber pflegen sowohl Lobdichter als Satirenschreiber zu verstoßen, die insgemein in beydem kein Maaß zu halten wissen.

2. §. Doch diese Art der poetischen Nachahmung ist bey aller ihrer Vortrefflichkeit nur die geringste: weswegen sie auch Horaz im Anfange seiner Dichtkunst für unzulänglich erkläret, einen wahren Poeten zu machen. Wenn ich die besten Bilder von der Welt in meinen Gedichten machen könnte, so würde ich doch nur ein mittelmäßiger oder gar nur ein kleiner Poet zu heißen verdienen: dafern ich nämlich nichts bessers zu machen wüßte. Ja ich könnte wohl gar ein verdrüßlicher Dichter und Scribent werden, wenn ich meinen Lesern mit unaufhörlichen Malereyen und unendlichen Bildern meinen Ekel erweckte.

———

3. §. Die andre Art der Nachahmung geschieht, wenn der Poet selbst die Person eines andern spielet, oder einem, der sie spielen soll, solche Worte, Geberden und Handlungen vorschreibt und an die Hand giebt, die sich in solchen und solchen Umständen für ihn schicken. Man macht z. E. ein verliebtes, trauriges, lustiges Gedichte im Namen eines andern; ob man gleich selbst weder verliebt noch traurig, noch lustig ist. Aber man ahmet überall die Art eines in solchen Leidenschaften stehenden Gemüthes so genau nach, und drückt sich mit so natürlichen Redensarten aus, als wenn man wirklich den Affect bey sich empfände. Zu dieser Gattung gehört schon weit mehr Geschicklichkeit, als zu der ersten. Man muß hier die innersten Schlupfwinkel des Herzens ausstudirt, und durch eine ge-

naue Beobachtung der Natur den Unterscheid des gekünstelten von dem ungezwungenen angemerket haben.

———

7. §. Doch auch diese so schwere Gattung der Nachahmung, machet nicht das Hauptwerk in der Poesie aus. Die Fabel ist hauptsächlich dasjenige, was der Ursprung und die Seele der ganzen Dichtkunst ist.

———

9. §. Ich glaube derowegen, eine Fabel am besten zu beschreiben, wenn ich sage: sie sey die Erzählung einer unter gewissen Umständen möglichen, aber nicht wirklich vorgefallenen Begebenheit, darunter eine nützliche moralische Wahrheit verborgen liegt. Philosophisch könnte man sagen, sie sey ein Stücke von einer andern Welt. Denn da man sich in der Metaphysik die Welt als eine Reihe möglicher Dinge vorstellen muß; außer derjenigen aber, die wir wirklich vor Augen sehen, noch viel andre dergleichen Reihen gedacht werden können: so sieht man, daß eigentlich alle Begebenheiten, die in unserm Zusammenhange wirklich vorhandener Dinge nicht geschehen, an sich selbst aber nichts Widersprechendes in sich haben, und also unter gewissen Bedingungen möglich sind, in einer andern Welt zu Hause gehören, und Theile davon ausmachen. Herr Wolf hat selbst, wo mir recht ist, an einem gewissen Orte seiner philosophischen Schriften gesagt, daß ein wohlgeschriebener Roman, das ist ein solcher, der nichts Widersprechendes enthält, für eine Historie aus einer andern Welt anzusehen sey. Was er nun von Romanen sagt, das kann mit gleichem Rechte von allen Fabeln gesagt werden, Weil aber diese Erklärung unphilosophischen Köpfen vielleicht Schwierigkeiten machen könnte: so bleibe ich bey der ersten, die nach dem gemeinen Begriffe aller, die nur deutsch verstehen, eingerichtet ist.

———

28. §. Aus dem allen erhellet nun sonder Zweifel, wie man mit Grunde der Wahrheit sagen könne, daß die Fabel das Hauptwerk der ganzen Poesie sey; indem die allerwichtigsten Stücke derselben einzig und allein darauf ankommen. Es ist aber daraus abzunehmen, mit wie vielem Grunde Aristoteles von der Dichtkunst sagen können, daß sie weit philosophischer sey, als die Historie, und viel angenehmer, als die Philosophie.

Ein Gedichte hält in der That das Mittel zwischen einem moralischen Lehrbuche, und einer wahrhaftigen Geschichte. Die gründlichste Sittenlehre ist für den großen Haufen der Menschen viel zu mager und zu trocken. Denn die rechte Schärfe in Vernunftschlüssen ist nicht für den gemeinen Verstand unstudierter Leute. Die nackte Wahrheit gefällt ihnen nicht: es müssen schon philosophische Köpfe seyn, die sich daran vergnügen sollen. Die Historie aber, so angenehm sie selbst den Ungelehrten zu lesen ist, so wenig ist sie ihm erbaulich. Sie erzählt lauter besondre Begebenheiten, die sich das tausendstemal nicht auf den Leser schicken; und wenn sie sich gleich ohngefähr einmal schickten; dennoch viel Verstand zur Ausdeutung bey ihm erfordern würden. Die Poesie hergegen ist so erbaulich, als die Moral, und so angenehm, als die Historie; sie lehret und belustiget, und schicket sich für Gelehrte und Ungelehrte darunter jene die besondre Geschicklichkeit des Poeten, als eines künstlichen Nachahmers der Natur, bewundern; diese hergegen einen beliebten und lehrreichen Zeitvertreib in seinen Gedichten finden.

Aus: Das V. Capitel. Von dem Wunderbaren in der Poesie. (S. 170, 188, 197)

1. §. Im ersten Hauptstücke ist schon beyläufig gedacht worden, daß sichs die ältesten Dichter hätten angelegen seyn lassen, sich bey dem einfältigen Haufen ein Ansehen zu erwerben, und von ihm bewundert zu werden. Nun bewundert man nichts Gemeines und Alltägliches, sondern lauter neue, seltsame und vortreffliche Sachen. Daher mußten auch die Poeten auf etwas Ungemeines denken, dadurch sie die Leute an sich ziehen, einnehmen und gleichsam bezaubern könnten. In den ältesten Zeiten nun, war dieses eben nicht zu schwer. Den unwissenden Leuten war alles, was man ihnen vorsingen oder sagen konnte, sehr neu und seltsam: denn sie hatten noch nichts bessers gesehen oder gehört. Allein in den folgenden Zeiten hat es den Dichtern mehr Mühe gemacht. Je aufgeklärter die Zeiten wurden, desto schwerer ward es auch, das Wunderbare zu erfinden, und die Aufmerksamkeit dadurch zu gewinnen. Der Grund dieser Bemühung aber steckt in der menschlichen Neugierigkeit; und die Wirkungen habens gewie-

sen, daß sie nicht vergebens gewesen. An sich selbst aber ist dergleichen Mittel, die Leute aufmerksam zu machen, ganz erlaubt: wenn man nur den Endzweck hat, sie bey der Belustigung zu bessern und zu lehren.

———

22. §. Von dem Wunderbaren, das von den göttlichen und andern geistlichen Dingen herrühret, kommen wir auf das Wunderbare, was von den Menschen und ihren Handlungen entsteht. Diese sind entweder gut oder böse; entweder gemein oder ungemein; entweder wichtig oder von keiner Erheblichkeit. So wohl das Gute als das Böse kan wunderbar werden, wenn es nur nicht etwas gemeines und alltägliches, sondern etwas ungemeines und seltsames ist; imgleichen wenn es von großer Erheblichkeit zu seyn scheint, welches aus dem Einflusse zu beurtheilen ist, den es in die Welt hat. Ein König ist also weit mehr zu bewundern, als ein Bürger; und ein hoher Grad der Tugend und des Lasters mehr, als ein geringerer, der uns gar nichts neues ist. Da nun die Poesie das Wundersame liebet, so beschäfftiget sie sich auch nur mit lauter außerordentlichen Leuten, die es entweder im Guten oder Bösen aufs höchste gebracht haben. Jene stellt sie als lobwürdige Muster zur Nachfolge; diese aber, als schändliche Ungeheuer, zum Abscheue vor. Eine mittelmäßige Tugend, rühret die Gemüther nicht sehr. Ein jeder hält sich selbst für fähig dazu, und also machen dergleichen wahre oder erdichtete Exempel wenig Eindruck: wenn gleich sonst alle poetische Künste in Beschreibung oder Vorstellung derselben angewandt wären. Mit den Lastern gehts eben so.

———

32. §. Die letztern Stücke aber, die oben erwähnet worden, kann ein Dichter mit gutem Fortgange brauchen. Ungewöhnliche Witterungen, Schiffbrüche, furchtbare und unfruchtbare Jahre, pestilenzialische Seuchen, Feuersbrünste, Verheerungen des Krieges, hohe Gebirge, schöne Thäler voller Dörfer und Heerden, u. d. gl. sind freylich sehr wunderbar, wenn sie nur natürlich beschrieben werden. Das ist aber die Kunst! In Opitzens Vesuv und Zlatna, imgleichen in seinen Trostgedichten von Widerwärtigkeit des Krieges, stehen ganz unver-

gleichliche Exempel davon. Auch Dach und Flemming sind große Meister darinn gewesen, die man sicher nachahmen kann. Von den alten, ist Homer sonderlich darinn zu loben, daß er auch den natürlichsten Dingen, durch seine Beschreibungen ein wunderbares Ansehn zu geben gewußt, worinn Virgil und Ovidius, ihm ziemlich gut nachgefolget sind. Diesen Meistern muß man die Kunst ablernen.

Aus: Das VI. Capitel. Von der Wahrscheinlichkeit in der Poesie. (S. 198, 199)

1. §. Aus dem vorigen Capitel wird man zur Genüge ersehen haben, daß das Wunderbare in der Dichtkunst nicht ohne Unterscheid statt findet: Es muß auch glaublich herauskommen, und zu dem Ende weder unmöglich noch widersinnisch aussehen. Daher kömmt es denn, daß man auch im Dichten eine Wahrscheinlichkeit beobachten muß, ohne welche eine Fabel, oder was es sonst ist, nur ungereimt und lächerlich seyn würde. Ich verstehe nämlich durch die poetische Wahrscheinlichkeit nichts anders, als die Ähnlichkeit des Erdichteten, mit dem, was wirklich zu geschehen pflegt; oder die Übereinstimmung der Fabel mit der Natur.

———

Wir theilten da die Fabeln in glaubliche, und unglaubliche und vermischte ein, und rechneten zu den unglaublichen die meisten äsopischen, wo nämlich die unvernünftigen Thiere redend eingeführet werden. Soll nun die Wahrscheinlichkeit in allen Gedichten herrschen, so wird man etwa sprechen: so müssen ja alle diese thierische Begebenheit ganz verworfen und aus der Poesie verbannet werden. Allein man muß hier die poetische Wahrscheinlichkeit in eine unbedingte und eine bedingte Wahrscheinlichkeit abtheilen. Jene findet sich in den äsopischen Fabeln nicht, wenn Bäume und Thiere als vernünftige Menschen handelnd eingeführet werden.

3. §. Deswegen aber kann man doch diesen Fabeln die hypothetische Wahrscheinlichkeit nicht absprechen, die unter gewissen Umständen dennoch statt hat, wenn gleich so schlechterdings keine vorhanden wäre. Das z. E. die Bäume sich einen König wählen können, das ist an sich selbst, in dieser Welt, weder möglich noch wahrscheinlich: gleichwohl macht dort

im Buche der Richter Jotham eine schöne Fabel daraus, der es an ihrer hypothetischen Wahrscheinlichkeit nicht im geringsten mangelt. Denn man darf nur die einzige Bedingung zum voraus setzen, daß die Bäume etwa in einer andern Welt Verstand und eine Sprache haben: so geht alles übrige sehr wohl an.

7   JOHANN ELIAS SCHLEGEL: Abhandlung, daß die Nachahmung der Sache, der man nachahmet, zuweilen unähnlich werden müsse. (In: J. E. Schlegels Ästhetische und Dramaturgische Schriften, hg. von Joh. von Antoniewicz, Heilbronn 1887, S. 96–101, 104 f.)

Wenn ich itzt überall den Namen der Nachahmung der Natur höre; wenn hier ein ungelehrter, dort ein schöner Mund die Fehler der Dichter ins Licht zu setzen weis; wenn ich öfters einen Menschen, von dem ich kaum vermuthete, daß er das Wort Comödie, richtig schreiben könnte, etwas verlachen sehe, womit vor einigen Jahren auch eingebildete Kunstrichter zufrieden gewesen seyn würden: So tröstet mich dieses über das Händeklatschen des Pöbels, welches ich bessern und edlern Stellen vorgespart wissen wollte, als diejenigen sind, welche es am öftersten erregen.
[...]
Unterdessen ist der wahre und vollständige Begriff der Nachahmung so ausgebreitet nicht, als der Name derselben.
[...]
Man soll, nämlich, zuweilen die Nachahmung der Sache, der man nachahmet, unähnlich machen.
Ich verlange von meinen Lesern itzt allein, daß sie mich nicht eher verdammen sollen, als bis ich dieses bewiesen habe. Denn daß sie mir eher glauben sollten, eher mein Satz bewiesen ist, darf ich nicht leicht vermuthen.
Ich unterstehe mich also, zu behaupten, daß man zuweilen die Nachahmung der Sache, der man nachahmet, unähnlich machen soll. Ist es denn also möglich daß in einer Sache Ähnlichkeit und Unähnlichkeit beysammen seyn sollten?
[...]

[...] ich bin überzeugt, daß man die Umstände seines Vorbildes zuweilen anders vorstellen muß, als sie wirklich sind; daß man öfters nur wenige Züge von derjenigen Sache, die man abschildert, behalten darf; kurz, daß man oft, wenn man nachahmet, die ganze Sache, der man nachahmet, so zu sagen, verwandeln muß. Denn aus welchen Ursachen ahmet man nach? Thut man es, damit man bloß nachgeahmt haben möge, oder unternimmt man eine so künstliche Sache nicht um ihrer selbst, sondern um eines entfernteren Endzweckes willen? Ist das erstere die wahre Ursache: So ist derjenige im Nachahmen der allervollkommenste, welcher sein Vorbild nicht abschildert, sondern von neuem erschafft, welcher wenn er einen Garten zum Gegenstande seiner Nachahmung wählen soll, denen, die er dadurch ergetzen will, nicht ein Bild eines Gartens zeigt, sondern einen wirklichen Garten hinbaut, und welcher nicht durch einen verführerischen Betrug, sondern durch die Wahrheit selbst, die andern überredet, daß sie diejenige Sache finden, welche nachgeahmt worden ist. So hoch ich auch die Nachahmung schätze: So kann ich sie doch nicht unter die hohen und würdigen Dinge rechnen, die man, wie die Tugend, bloß um ihrer selbst willen unternehmen muß.

Ich will von meinen Lesern zuerst nur wenig fordern. Man wird mir wenigstens so viel zugeben, daß man die Nachahmung deswegen unternimmt, damit andre die Ähnlichkeit derselben wahrnehmen mögen. Dieses ist der letzte Endzweck des Nachahmens noch nicht. Aber er ist derjenige, durch welchen die übrigen erhalten werden. Eine Nachahmung ist todt, welche von niemanden beobachtet wird, und belohnet demjenigen seine Mühe sehr schlecht, dem sie ihren Ursprung zu danken hat. Ist es aber wahr, daß wir nachahmen, damit andre die Ähnlichkeit unsrer Bilder mit ihren Vorbildern bemerken, so müssen wir so nachahmen, daß unser Bild mit dem Begriffe, welchen andre von dem Vorbilde haben, übereinkömmt. Denn nach ihren Begriffen werden sie uns richten, und unsre Bilder entweder als ähnlich loben, oder als unähnlich tadeln und verachten. Wovon hat man aber Begriffe, die mit der Sache selbst genau übereinkommen? Zur Noth von demjenigen, was zu unsern Zeiten geschieht, und auch von diesem nicht allezeit. Ahmet man aber wohl dem am meisten nach, was zu unsern Zeiten geschieht? Wo bleiben dann die Helden des Alterthumes, die man auf unsern Schaubühnen lebendig machet? Kann sich unter uns, die wir uns der Gelehrsamkeit widmen, ich will nicht sagen, unter dem Volke iemand rühmen, daß er den wahren Agamemnon, den wahren Achilles, den wahren Brutus kennet. Die Zeit, die den Ruhm der Menschen, wenn er geringe ist, noch mehr verringert, wenn er aber groß ist, vermehret und höher hebt, hat diese Helden in unsern Gedanken weit über ihr gewöhnliches Maas vergrössert. Ihr Menschliches ist an ihnen gestorben, und ihr Göttliches lebt allein noch in unserm Angedenken, und es lebet nicht nur, sondern es hat auch von der Zeit, die sonst nichts unverzehrt läßt, seinen Zusatz erhalten. Entfernte Dinge verkleinern sich vor unsern Augen, aber entfernte Helden sehen in unsern Gedanken allezeit grösser aus. Ja, wie wollen wir sagen, daß wir nicht falsche Begriffe von den Helden der vergangenen Zeiten haben, da wir überhaupt von den gekrönten Häuptern selten richtig denken?

[...]

Wenn wir die Beschaffenheit der Begriffe der Menschen untersuchen, so werden wir sie in noch mehrern Dingen falsch befinden. Auch so gar da, wo wir mit dem Verstande zur Wahrheit durchgedrungen sind, wird unsre Einbildungskraft unsrem Verstande noch wiedersprechen. Wir werden anders urtheilen, wenn wir die wahre Beschaffenheit der Sache untersuchen, und anders, wenn wir Vorbild und Bild in unsern Gedanken gegen einander halten. Wir wissen, wie oft es Grosse gegeben, die sich von der gewöhnlichen Pracht ihres Standes losgerissen. Wer kann sich aber enthalten, daß er sich einen Helden nicht insgemein mit einer ganzen Last von Kostbarkeiten, mit Gold und Edelsteinen, bedeckt vorstellet? Wenn also unsre Begriffe öfters falsch sind, und wenn wir dennoch die Bilder, die wir durch die Nachahmung hervorbringen, den Begriffen der Menschen ähnlich machen müssen: So folgt nothwendig, daß diese Bilder der Sache, der wir nachahmen, nicht nur zuweilen, sondern so oft unähnlich seyn müssen, als die Begriffe, nach denen die Menschen unsre Bilder beurtheilen werden, den Sachen selbst unähnlich sind.

Warum will man aber, daß andre Leute die Ähnlichkeit

unsrer Nachahmung bemerken sollen? Ich glaube darum, damit sie sich daran vergnügen sollen. Je mehr Vergnügen unsre Nachahmung erweckt, desto schöner ist sie. Also ist es nicht ein Fehler, sondern ein Kunststück, Unähnlichkeit in die Nachahmung zu bringen, wenn mehreres Vergnügen dadurch erhalten wird, wenn nur derjenige, dem zu gefallen wir nachahmen, noch immer Ähnlichkeit zu bemerken glaubt, und das Mittel seines Vergnügens, durch unsre Begierde zu vergnügen, nicht umgestossen wird.

————

Nunmehr verlange ich erst, daß mir meine Leser glauben sollen, wenn ich sage, daß es Fälle giebt, in welchen uns die Regel der Nachahmung gebeut, nachzuahmen, und das Bild der Sache, die man abbildet, unähnlich zu machen; Und ich glaube, ich habe zugleich gezeigt, wo es die Regel erfordert. Ich habe dargethan, daß es recht sey, unähnlich zu seyn, wenn die Begriffe der Menschen von der Wahrheit abweichen; daß es nützlich sey, wenn das Vergnügen dadurch befördert wird; daß es eine Schuldigkeit sey, wenn man den Menschen dadurch Vorstellungen voll Eckel und Abscheu aus den Augen entzieht, oder wenn der Wohlstand einer vollkommnen Ähnlichkeit zuwieder ist. Aber habe ich dadurch auch vielleicht der Unähnlichkeit zu einer zügellosen Herrschaft verholfen? Habe ich dadurch vielleicht ein Feld geöffnet, wo man ohne Regel herumirren, und seine Hirngespinste für Nachahmungen verkaufen wird? Nichts weniger, als dieses. Das Verbrechen derjenigen, die ohne Ursache ihren Nachahmungen Unähnlichkeiten einmischen, würde desto wichtiger seyn, da man so wichtige Ursachen zu Unähnlichkeiten haben muß. Desto eifriger muß man sich bemühen, seinem Vorbilde nahe zu kommen, wo es die Regel nicht verbietet, damit man durch die übrigen Ähnlichkeiten die regelmäßige Unähnlichkeit des Bildes überdecken und verbergen möge. Denn es macht allezeit Misvergnügen, wenn man die Unähnlichkeit bemerket.

8 Johann Elias Schlegel: Abhandlung von der Nachahmung. (In: J. E. Schlegels Ästhetische und Dramaturgische Schriften, hg. von Joh. von Antoniewicz, Heilbronn 1887, S. 107f., 113–115, 117–129).

Ich werde [...] diese Abhandlung in zween Abschnitte theilen. In dem ersten werde ich dieselbe ohne einige Absicht auf ihren Endzweck betrachten. In dem andern aber werde ich sie in so weit ansehen, als der Endzweck derselben auf das Vergnügen geht. Denn mit andern Absichten werde ich mich nicht beschäftigen, weil dieses derjenige Hauptendzweck ist, den die Nachahmung durch die Künste suchet.

§. 1. Man pfleget sonst so wohl die Handlung, da man etwas nachahmet, als die Sache, welche einer andern ähnlich gemachet wird, mit dem Namen der Nachahmung zu belegen. Das erste thut man, indem man die Dichtkunst eine Nachahmung der Natur nennet; das andre geschieht, wenn eine Ausarbeitung, darinnen man eines andern Art zu denken auf dem Fusse nachgefolget ist, den Namen der Nachahmung bekömmt. Ich aber sehe mich genöthiget, damit ich keine Zweydeutigkeit verursache, die letztere Bedeutung dieses Wortes und alle andere, die man sonst finden möchte, zu verwerfen, und mich zu erklären, daß ich unter der Nachahmung nichts anders verstehen werde, als eine Handlung, da man die Absicht hat, etwas einer andern Sache ähnliches hervorzubringen. Man wird hiebey durch die Erfahrung finden, daß es keine eigentliche Nachahmung gebe, womit nicht die Absicht etwas ähnliches hervorzubringen verbunden wäre. Es ist nicht alles nachgeahmet, was einer Sache ähnlich ist. Ein deutliches Exempel ist, daß man niemals mit Grunde sagen kann, daß ein Dichter eine Stelle eines andern nachgeahmet, wenn man versichert ist, daß er zu der Zeit, da er die seinige geschrieben, jene nicht vor Augen gehabt. Weil ich aber auch öfters nöthig haben werde, diejenige Sache zu nennen, die in der Absicht hervorgebracht wird, daß sie einer andern ähnlich seyn soll, und mich hierzu des Namens der Nachahmung nicht bedienen darf: so werde ich dieselbe ein Bild heißen, und dasjenige, dem dieses Bild ähnlich gemachet wird, ein Vorbild nennen.

———

§. 4. Wo sich also zwischen zwey Dingen einerley Verhältniß ihrer Theile befindet, da ist Ähnlichkeit vorhanden. Hieraus folget von sich selbst, daß diese Ähnlichkeit auch vorhanden sey, wenn gleich nicht alle Verhältnisse aller möglichen
Theile bey zweyen Dingen einerley sind.

Denn man betrachtet so wohl die Theile der Sache selbst, als
die Verhältnisse, die dieselben unter einerander haben, nur im
Absehen auf eine einzige Beschaffenheit des Ganzen. Ein Körper hat zum Exempel andre Theile in Absehen auf seine äußerliche Figur, denn da werde ich nur auf seine Linien und auf seine Winkel sehen; andre im Absehen auf seinen eignen innerlichen Bau, andre in Absehen auf die Materie woraus er besteht,
und andre in Ansehung der Farbe, die einem in die Augen fällt.
Da man also die Theile und Verhältnisse derselben nur im Absehen auf eine gewisse Beschaffenheit betrachtet, so ist kein
Wunder, wenn man sie auch nur im Absehen auf eine gewisse
Beschaffenheit nachahmet. Und wenn alles dasjenige dem andern ähnlich ist, wo sich einerley Verhältniß der Theile mit
einander verbindet, so muß alles dasjenige eine Nachahmung
seyn, wo man nur in einem Stücke und im Absehen auf eine Beschaffenheit einerley Verhältniß der Theile wiederum hervorbringt, und sich um alle andre Verhältnisse derselben unbekümmert läßt. Wenn man einen Kopf in Stein hauet: so ahmet
man weder seine harten noch weichen Theile, noch seine Farbe
nach, sondern bloß die Figur desselben. Eben daher kömmt es,
daß auch in der Dichtkunst Beschreibungen einer einzigen Sache ganz verschieden und dennoch auch vollständig seyn können, weil nämlich ein ieder die Theile derselben in Absicht auf
eine andre Beschaffenheit betrachtet. Der Romanschreiber betrachtet die Glieder eines schönen Frauenzimmers nur in so
weit sie eine schöne Farbe und eine Größe haben, die sich zu
den übrigen Gliedern wohl schicket. Derjenige aber der ernst-
hafter denket, hält die Geberden derselben und alles gegen einander, in so weit es von ihrer Gemüthsart zeiget, und in so
weit ihre Seele durch ihre Glieder redet. Es ist wahr, man
könnte vielleicht einwenden, daß eine Nachahmung einer Sache, die nur ihre Absicht auf eine Beschaffenheit derselben
richte, nicht eine Nachahmung der Sache selbst, sondern nur

dieser ihrer Beschaffenheit sey. Man würde aber sodann unter der Ähnlichkeit dasjenige verstehen, was wir weiter unten als den höchsten Grad der Ähnlichkeit beschreiben werden. Man würde über dieses sich anders ausdrücken, als ordentlicher Weise geschieht, und dadurch Anlaß geben, daß die Regeln anders im gemeinen Leben angenommen würden, als sie zu verstehen wären. Und über dieses würde man auch noch in vielen Dingen große Schwierigkeit haben sich auszudrücken.

§. 5. Ob aber gleich nicht alle Verhältnisse alle möglichen Theile, die wir an einer Sache finden können, in 2 Dingen einerley seyn müssen, wenn sie einander ähnlich seyn sollen: so ist es doch wiederum eine andre Frage, ob die Gleichheit des Verhältnisses aller Theile des Vorbildes und Bildes, die sie im Absehen auf eine gewisse Beschaffenheit haben, zur Ähnlichkeit gehöre. Und hierauf folget aus dem Begriffe der Ähnlichkeit selbst, wenn man sie genauer betrachtet, dieses zur Antwort. Da einerley Verhältniß der Theile des Bildes mit den Theilen, die das Vorbild im Absehen auf eine gewisse Beschaffenheit hat, die Ähnlichkeit des Bildes und Vorbildes ausmachet, so muß die Unähnlichkeit nothwendig darinnen bestehen, wenn diese Verhältniß nicht einerley ist. Wenn es also Theile in dem Bilde gäbe, die in Absicht auf diejenige Beschaffenheit, darauf die Nachahmung gerichtet ist, nicht einerley Verhältniß mit den Theilen des Vorbildes hätten; so würde es Unähnlichkeit seyn. Eine Unähnlichkeit aber in denenjenigen Stücken, worinnen man gleich wohl den Endzweck hätte, eine Sache nachzuahmen, würde wider die Absicht der Nachahmung streiten.

––––––

§. 6. Einerley Verhältniß unter seinen Theilen mit den Theilen des Vorbildes haben, ist etwas, welches nicht für sich selbst bestehen kann, und welches ein Subject oder eine Hauptding voraussetzet, das für sich bestehet, und dem dieses, als etwas zufälliges und als eine Nebensache anhängt. Wenn ich also ein Bild nenne: so verstehe ich nebst dergleichen Verhältniß seiner Theile mit dem Vorbilde noch eine Sache darunter, welche diese Theile hat, und in welcher diese gleiche Verhältniß statt finden kann. Ein jeder also der etwas nachahmen will, muß vor allen Dingen sich ein solches Subject suchen, darinnen er etwas nachahmen könne. So suchet sich z. E. der Bildhauer einen Stein aus, aus dem er sein Bild hauen kann, der Maler sucht sich eine Tafel. Und wie es zuweilen Dinge geben kann, welche in Ansehung anderer als Hauptdinge betrachtet werden, ohne welche dieselben nicht bestehen können, und dennoch selbsten noch ein Subject nöthig haben, mit welchem sie verbunden seyn müssen, wenn sie etwas seyn sollen: so giebt es auch solche Subjecte des Bildes, welche wiederum Subjecte nöthig haben. Eben wie eine Kraft nach den Lehren der Weltweisen nicht für sich bestehet, sondern etwas braucht, darinnen sie ist: und dennoch in Ansehen der verschiedenen Veränderungen die sie leidet, ein Subject derselben ist. So geht es auch bey der Musik und Dicht-- kunst mit den harmonischen Tönen und mit den abgemessenen Wörtern. Ein Ton bestehet nicht für sich selbst, und hat eine fließende Materie nöthig, die gewisse Figuren anzunehmen und gewisse Wellen an das Ohr zu werfen fähig ist. Dennoch ist er in Ansehung der verschiedenen Verhältnisse der Töne und in Ansehung der verschiedenen Dinge, die dadurch bezeichnet werden, ein Subject.

§. 7. Wenn ein Subject zur Nachahmung tüchtig seyn soll, so muß in demselben eben die Beschaffenheit seyn, in deren Absicht ich das Vorbild nachahmen will: und es muß über dieses fähig seyn, in seinen Theilen eben die Verhältnisse anzunehmen, die die Theile des Vorbildes gegen einander haben. Was also nicht eben diejenigen Beschaffenheiten hat, die in dem Vorbilde sind, in so weit man es nachahmen will, und was nicht eben derselben Verhältnisse in Absehen auf diese Beschaffenheiten fähig ist, das kann kein Bild des andern werden. Ein recht handgreifliches Exempel davon ist, daß man einen Ton nicht malen kann, und daß ich etwas, das bloß durch das Gesicht in die Augen fällt, durch keinen Ton nachahmen kann.

[...]

§. 8. Das Subject des Bildes ist in so weit nicht geschickt, die Nachahmung anzunehmen, als die Bestimmung der Verhältnisse seiner Theile zum Wesen des Subjects gehöret. Oder kurz zu sagen, die Nachahmung kann sich niemals auf wesentliche Stücke des Subjects von einem Bilde erstrecken. Denn die wesentlichen Stücke desselben sind unveränderlich und folglich ist das Bild nicht fähig, in denselben eben die Verhältnisse anzunehmen, die die Theile des Vorbildes unter einander haben. Es ist zwar zuweilen möglich, daß das Subject, darinnen man nachahmet, eben die Verhältniß seiner wesentlichen Theile, wie die wesentlichen Theile des Subjects vom Vorbilde hat. Aber dieses ist deswegen keine Nachahmung. Denn in so weit bringt nicht der Nachahmende, sondern die Natur selbst die Ähnlichkeit hervor. Wir haben aber oben gehöret, daß keine Nachahmung ist, wo nicht die Absicht ist, etwas dem andern ähnliches hervorzubringen. Es macht kein Verdienst für den Nachahmenden, wenn er ein güldnes Gefäß wieder in Golde nachahmet. Und eben so wenig ist es, dünkt mich, ein Verdienst, wenn man ein Gespräch, das in ungebundener Rede gehalten wird, in ungebundener Rede nachahmet. Es folget aber auch daraus, daß man niemanden tadeln kann, daß er unrecht nachgeahmet, wenn er etwas nicht weiter nachahmet, als das Wesen seines Subjects zuläßt. Wenn er z. E. die Rede der Menschen in Versen nachahmet, welche doch nicht in Versen natürlicher Weise zu sprechen pflegen. Denn Verse sind das Subject der Nachahmung bey einem Poeten.

§. 9. Da zu einer Ähnlichkeit nicht mehr erfodert wird, als daß die Theile des Bildes und die Verhältniß derselben nur im Absehen auf eine gewisse Beschaffenheit mit den Theilen des Vorbildes und der Verhältniß desselben einerley seyn müssen; da über dieses die wesentlichen Verhältnisse der Theile in dem Subject des Bildes keine Nachahmung leiden: so können in dem Subjecte des Bildes vielerley Beschaffenheiten seyn, in deren Absicht die Theile des Bildes nicht einerley Verhältniß mit den Theilen des Vorbildes haben. Und das Bild kann dennoch dabey seine Ähnlichkeit mit dem Vorbilde haben. Denn einerley Verhältniß im Absehen auf eine gewisse Beschaffenheit schließt die Ungleichheit in Absehen auf die übrigen nicht aus. Da der Maler nur die Figuren und Farben der Körper nachahmen will, wie sie sich dem Auge vorstellen, so braucht es nicht, daß die Bilder der Körper nächst diesem auch ihre Dichtigkeit haben, und sich eben so anfühlen lassen, wie die Vorbilder, sondern er braucht nur eine Fläche dazu. Und ein weicher und ein harter Körper thun hier gleichen Widerstand, nämlich denjenigen, den die Tafel thut, darauf sie gemalt sind. Es ist also nicht allzu gegründet, wenn man ein Bild deswegen verdammet, weil es Beschaffenheiten an sich hat, die in dem Vorbilde nicht sind, als ob dieses etwas neues wäre. Ich habe schon bey dem vorigen §. das Exempel von der Comödie in Versen gegeben. Und ich will nur noch dazu setzen, daß derjenige, der aus diesem Grunde die Verse oder die Reime in der Comödie misbilliget, sie nimmermehr in einem andern Gedichte für gut halten kann. Denn derjenige, den man in einem Helden-Gedichte nachahmet, redet eben so wenig natürlicher Weise in Versen, als ein Comödienheld. Und es ist also dort eben so wohl als hier etwas in dem Bilde, das in dem Vorbilde nicht ist. Ich habe es für nöthig erachtet dieses anzuführen, weil der Bestreiter der gereimten Comödie, dessen Meynung und die darüber gewechselten Schriften weder ihn noch mich an der persönlichen Freundschaft gegen einander gehindert haben, seine Gründe wiederholet, und nach diesem, seinen Triumph vollkommen zu machen, in andern Stücken seinen Satz schon für ausgemacht angenommen hat.

§. 10. Eine Sache hat so viele besondre Arten des Verhältnisses ihrer Theile, als sie Beschaffenheiten an sich hat. Denn wir haben schon oben bemerkt, daß die Theile einer Sache und die Verhältnisse derselben sich allezeit auf eine gewisse Beschaffenheit beziehen, und daß man in Absicht auf jede Beschaffenheit der Sache allezeit andre Theile und andre Verhältnisse derselben findet, wie wir schon oben auch mit Exempeln erläutert. Das Subject des Bildes kann ebenfalls viele von diesen Beschaffenheiten an sich haben, in deren Absehen seine Theile dererjenigen Bestimmungen fähig sind, die das Vorbild an sich hat. Weil es schon eine Ähnlichkeit mit dem Vorbilde ist, wenn die Theile zweyer Dinge im Absehen auf eine Beschaffenheit einerley Verhältniß miteinander haben: so müssen es ohne Zweifel viele Ähnlichkeiten seyn, wenn die Theile dieser Dinge im Absehen auf viele Beschaffenheiten einerley Verhältniß unter sich bekommen. Ein Bild kann also viele Ähnlichkeiten mit seinem Vorbilde haben, weil es in einem Subjecte seyn kann, dessen Theile im Absehen auf viele Beschaffenheiten zu einerley Verhältnisse mit den Theilen des Vorbildes fähig sind. Und es kann entweder mehr oder weniger Ähnlichkeiten

haben, weil aus einer Ähnlichkeit, die das Bild hat, die andere nicht nothwendig folget, und es also zufällig ist, ob deren mehr oder weniger zusammen kommen. Die Vielheit der Ähnlichkeiten machet die Stufe, oder den Grad der Ähnlichkeiten aus. Da es also in einem Bilde mehr oder weniger Ähnlichkeiten geben kann: so hat die Ähnlichkeit in den Bildern ihre Grade. Ich brauche hiezu kein andres Exempel als die Malerey. Ich kann die Sache bloß im Absehen auf die Figur entwerfen, die sie dem Auge vorstellet; dieses ist eine Ähnlichkeit. Ich kann hernach noch Licht und Schatten hinzu thun; dieses ist die andere Ähnlichkeit. Endlich kann ich mit diesen zwo Ähnlichkeiten auch die Ähnlichkeit der Farben verknüpfen. Hier habe ich also 3. verschiedene Stufen der Ähnlichkeit. Noch mehr dergleichen kann man von einander unterscheiden, wenn ein theatralisches Stück aufgeführet wird. Indem man nämlich die Sitten der Menschen nachahmet, so kann man dieses bloß durch die Worte, dadurch sich dieselben zu erkennen geben, ins Werk richten; oder man kann hierzu noch den Nachdruck der Aussprache setzen, welches geschieht, wenn ein Gedicht abgelesen wird; oder man kann noch über dieses die Geberden, die Kleidungen und den Ort, wo etwas geschieht nachahmen.
[...]

§. 12. Der höchste Grad der Ähnlichkeit zwischen zweyen Dingen ist, wenn alle Verhältnisse aller Theile in dem einen mit allen Verhältnissen aller Theile in dem andern einerley sind. Der größte Grad der Ähnlichkeit ist also wenn ein Bild mit dem Vorbilde einerley wird. Dieser größte Grad der Ähnlichkeit ist an sich selbst unmöglich, weil zwey Dinge nicht einerley seyn können. Wir brauchen aber dennoch diesen Satz der Folgen wegen. Wir wollen itzo nur so viel hieraus schließen, daß zum höchsten Grade der Ähnlichkeit auch nothwendig gehöre, daß das Subject des Bildes eben so beschaffen sey und eben die Bestimmungen in seinem Wesen habe, als das Subject des Vorbildes. Oben aber ist bewiesen worden, daß die Nachahmung sich auf das Wesen des Subjects nicht erstrecke, weil dasselbe entweder dem Vorbilde gar nicht ähnlich werden könne, oder demselben von Natur schon ähnlich sey. Daraus folget, daß der höchste Grad der Nachahmung von dem höchsten Grade der Ähnlichkeit unterschieden sey. Der höchste Grad

der Nachahmung ist nämlich, wenn alle Verhältnisse in den Theilen des Bildes, die der Nachahmung fähig sind, mit dem Vorbilde übereinstimmen. Der höchste Grad der Nachahmung ist z. E. in der Malerey wenn Zeichnung, Schatten und Farbe mit dem Vorbilde übereinstimmen, denn weiter kann von einem Körper nichts auf eine Fläche getragen werden. Wenn also zweyerley Subjecte sind, die beyde nicht gleich fähig sind, einerley Anzahl der Ähnlichkeiten durch die Nachahmung anzunehmen: so kann in beyden das Vorbild im höchsten Grade nachgeahmet, und dennoch der Grad der Nachahmung nach der Zahl der Ähnlichkeiten in beyden verschieden seyn.
[...]

§. 14. Wo zwischen zweyen Dingen einerley Verhältniß ist, da ist nothwendig Ordnung. Denn die Ordnung ist eben die Übereinstimmung in den Verhältnissen der Dinge. Die Nachahmung bringet also nothwendig Ordnung zuwege, weil sie eine Übereinstimmung in den Verhältnissen, der Theile des Bildes gegen die Theile des Vorbildes hervorbringet. Und diese Ordnung entsteht auch wenn das Vorbild keine Ordnung in sich selber hat. Man nehme ein Vorbild an, wo nicht die geringste Übereinstimmung der Theile und ihrer Verbindungen herrschet, und heiße diese Theile A, B, C, D. ahme es in dem Bilde durch die Theile a, b, c, d. nach; so wird A : a = B : b = C : c = D : d seyn, und man wird also eine sattsame Übereinstimmung des mannigfaltigen oder wie man die Ordnung nur erklären will, wahrnehmen. Auf diesen Schluß läßt sich alle Beobachtung der Ähnlichkeit bringen. So gar hat Aristoteles dasjenige, was ich hier von der Nachahmung sage, schon von den verblümten Redensarten gesagt. Wenn ich das Alter den Abend des Lebens nenne, so läßt sich die Ähnlichkeit die zwischen dem Alter und dem Abende ist, in den Schluß auflösen: das Alter verhält sich zum Leben wie der Abend zu dem Tage. Und damit man sehe, daß alles, was der mathematischen Verhältniß zukömmt, sich auf andre Dinge erweitern läßt, so kann ich auch so schließen: wie sich das Alter zum Abende verhält, so verhält sich das Leben zu dem Tage. Diese Schlüsse machen wir auch bey einer jeden Beschreibung, die uns in den Gedichten vorkömmt, wenn wir darauf Acht haben, ob wir gleich diese Schlüsse so deutlich nicht aus einander setzen. Ich will dieses mit dem Exempel einer poetischen Beschreibung erläutern, in welcher ich so wohl Ähnlichkeiten als Unähnlichkeiten finde, und ich will diese von Herrn D. Hallern nehmen. Wenn ich den Herbst nennen höre, so stellet sich ein Begriff in meiner Einbildungskraft vor, der zwar undeutlich ist, aber worinnen doch die Theile desselben, oder was an ihm sich unterscheiden läßt, enthalten sind. Dieser Begriff wird zum Vorbilde, so bald ich weiter eine Beschreibung des Herbstes höre,

> Bald wenn der trübe Herbst die falben Blätter pflücket.

Ich stelle mir das Bild welches mir diese Zeile erwecket von dem Begriffe des Herbstes abgesondert vor, und halte es gegen denselben, und ich finde, daß sich die Eigenschaft des Wetters im Herbst und die Eigenschaft der Blätter, eben so in dem Begriffe des Herbstes gegen den Herbst selbst, und gegen einander verhält, als die Eindrücke, so die Wörter trübe und falb in mir erwecket haben, sich gegen das Wetter und gegen die Blätter in dem Bilde verhalten. Ich finde ferner daß das Abfallen der Blätter, in dem Vorbilde sich zu den Blättern nicht eben so verhalte, wie der Eindruck, den das Wort pflücken, in dem es von dem Herbste gesagt wird, sich zu den Blättern in dem Bilde verhält; indem ich dort ein sanftes ablösen, hier aber eine Gewalt bemerke: und dieses machet, daß ich in der Gegeneinanderhaltung des Bildes und Vorbildes stutze. Ich finde ferner, daß die Trübigkeit des Herbstes gar keine Verhältniß zu dem Abpflücken der Blätter hat. Indem in derselben nichts ist, daraus sich etwas bey dem Abfallen der Blätter erklären ließe. Man sieht also, daß hier eine Übereinstimmung der Verhältnisse mangle, die in dem Bilde angegeben ist, in dem Vorbilde aber sich nicht befindet. Wenn ich ferner höre:

> Und sich die kühle Luft in graue Nebel kleidt,

so bemerke ich, daß sich das Kühle zur Luft im Bilde eben so verhält, wie die Eigenschaft der Luft im Vorbilde, und daß es mit dem grauen Nebel gleiche Bewandtniß hat. Ich stocke aber wieder, wenn sich die kühle Luft, zu dem grauen Nebel anders in dem Vorbilde verhält, als mir das Bild, das durch das Wort kleiden erregt worden, vorstellet: denn in dem Bilde geht der Nebel um die Luft herum, in dem Vorbilde aber mischt er sich mit derselben. Wer zweifeln will, ob ein Mensch all diese Schlüsse mache und alle diese Verhältnisse untersuche, der prüfe sich nur, ob er nicht zwey Begriffe in sich hat, wenn er eine Beschreibung liest, und er bemerke hingegen, ob er nicht ganz eine andere Empfindung hat, wenn er höret: Es wird Herbst. Es ist auch dieses nichts neues, indem wir so gar bey Untersuchung der Wahrheit dasjenige, was von einer Sache gesagt wird, eben auf diese Art gegen dieselbe halten. Wir können noch merklicher abnehmen, daß wir ohnfehlbar solche Schlüsse machen müssen, dafern wir uns untersuchen wollen, wenn wir ein Räthsel hören. Denn ein Räthsel stellet mir erstlich zwar das Bild in den Gedanken vor, aber das Vorbild nicht. Und ich bemühe mich, ein Vorbild unter den Begriffen, die ich mir sonst erlanget habe, zu suchen und halte allezeit alle Theile des Räthsels dagegen, bis ich eins gefunden habe, welches in allen seinen Theilen mit demselben übereinstimmet. Ein Räthsel aber ist nichts anders, als eine Nachahmung einer Sache, die ich den andern errathen lasse. Wo wollten wir endlich bemerken, ob etwas falsch gesagt wäre, welches wir doch augenscheinlich bemerken, wenn wir diese Schlüsse nicht verdeckter Weise in uns machten.

Aus: Zweyter Abschnitt. Von den Eigenschaften und Regeln der Nachahmung, in so weit ihr Endzweck das Vergnügen ist. (S. 134–138, 143–146, 148–150)

Alles Vergnügen gehört zu den Sachen, die man um ihrer selbst willen sucht. Denn da unsre Glückseligkeit in der Zusammenkunft alles möglichen Vergnügens bestehet; so hat iegliches Vergnügen einen unmittelbaren Einfluß in dieselbe, und es ist ungereimt, wenn uns etwas vergnüget, noch weiter zu fragen, warum man dieses Vergnügen suchte? Alles Vergnügen also, das aus dem Wesen einer Sache fließt, hat die Vermuthung für sich, daß es der Endzweck derselben Sache sey; und es hat vor allen andern Dingen ein Recht als diese Absicht betrachtet zu werden, warum die Sache, die ihrem Wesen nach vergnüget, in der Welt ist. Diese Vermuthung ist so kräftig, daß man jemanden nicht glauben würde, der uns bereden wollte, daß der vornehmste Endzweck einer solchen Sache etwas anders, als das Vergnügen sey, wenn nicht die deutlichsten Proben vor Augen liegen, daß der Urheber und Schöpfer derselben etwas anders, als dieses gewollt habe. Man giebt sonst zum Endzwecke der Dichtkunst zwey Dinge zugleich an, nämlich Vergnügen und Unterrichten. Dieses geschieht auch nicht ohn Grund, wie wir weiter unten berühren wollen. Wenn wir aber fragen, welches von beyden der Hauptzweck sey: so mögen die strengsten Sittenlehrer sauer sehen, wie sie wollen, ich muß gestehen, daß das Vergnügen dem Unterrichten vorgehe, und daß ein Dichter, der vergnüget und nicht unterrichtet, als ein Dichter, höher zu schätzen sey, als derjenige, der unterrichtet und nicht vergnüget.

[...]

§. 18. Diese Nachahmung, deren Absicht es ist zu vergnügen, erhält ihren Endzweck dadurch, wenn die Ähnlichkeit und also auch die Ordnung die sie hervorbringt, wahrgenommen wird. Es ist also hiezu nicht allein nöthig nachzuahmen, sondern so nachzuahmen, daß die Ähnlichkeit des Bildes und Vorbildes wahrgenommen wird, und zwar daß sie von denenjenigen wahrgenommen wird, die wir vergnügen wollen. Eine Ordnung, die wir nicht wahrnehmen, ist für uns keine Ordnung. Daraus folget, daß wir alles anwenden müssen, was denjenigen, für die wir nachahmen, Bild und Vorbild deutlich vor die Augen stellet, und daß wir unsre Nachahmungen nicht dunkel und undeutlich machen müssen. Diese Regel kann von Bildhauern, Malern, Musikverständigen und Dichtern, von jeglichem auf eine besondre Art, nach Beschaffenheit einer jeden Kunst in acht genommen oder verabsäumet werden. Wenn man Bilder weit über die Augen der Zuschauer setzet, Schildereyen in der Höhe so klein und schwach malt, daß man nur wenig davon sehen kann; oder die Sachen in einer solchen Stellung zeichnet, daß man nicht gnugsam erkennen kann, was sie eigentlich vorstellen sollen, ob sie gleich mit der Natur übereinkommen: so ist es augenscheinlich, daß der Endzweck der Malerey dadurch nicht erhalten wird. Das Schnitzbild welches Phidias sehr groß und grob gehauen, damit es aus der Höhe desto besser in die Augen fallen möchte, zeigt wie weit die Regel der Deutlichkeit andern Regeln der Kunst gebiethen könne. Wenn ich die Natur in der Musik, so wohl als in der Poesie, unter eine allzugroße Menge von Zierrathen und Figuren verstecke, so wird diese Deutlichkeit ebenfalls beleidiget:

und ein Dichter besonders findet noch viele andre Wege undeutlich zu werden, und das Vergnügen zu hemmen, welches
die Schönheit seiner Bilder sonst in dem Verstande seiner Leser nothwendig erwecken müßte. Denn alles was die Aufmerksamkeit des Lesers ermüdet, oder von der Ähnlichkeit des Bildes und Vorbildes abwendet, oder verursachet, daß dieselben
keinen so starken Eindruck machen, als zu Bobachtung ihrer
Schönheit gehörte, sind aus diesem Grunde verwerfliche Dinge,
und mit dem Namen einer Undeutlichkeit zu belegen.

———

§. 20 Eine Ordnung, die man nicht wahrnimmt, kann nicht
vergnügen. Man wird aber die Ordnung und Ähnlichkeit zwischen dem Bilde und Vorbilde nicht wahrnehmen, wenn derjenige, den das Bild vergnügen soll, von dem Bilde oder Vorbilde eine andre Vorstellung in seiner Einbildungskraft hat,
als derjenige, der nachahmet. Also wird das gesuchte Vergnügen sodann bey demselben nicht erfolgen. Dieses sehen wir
deutlich an dem Exempel der alten griechischen Gedichte. Diejenigen, welche nicht Bekanntschaft genug mit den Alterthü-
mern gemacht haben, können gar keinen Gefallen dran haben.
Denn sie haben entweder eine andre Vorstellung von den
Helden und von den Sitten der alten Zeiten, als die griechischen Dichter gehabt haben: oder sie bekommen die Abschil-
derung derselben nicht in ihrer rechten Stärke, sondern nur in
Übersetzungen zu sehen, welche die Züge derselben matt
machen oder verstellen. Wir haben uns in unsern Zeiten einen
neuen Achill, einen neuen Hippolyt, kurz ganz neue Helden
gemacht, welche vieles von dem Wesen der großen unsrer Zeit
haben, und nur in alte Namen gekleidet sind. Wer es verlangt, daß die Gedichte der Alten diesen unsern Begriffen
gleich seyn sollen, der verlanget, daß das Bild eher seyn soll,
als das Vorbild; indem jenes schon vor etlichen tausend Jahren
fertig gewesen, dieses aber erst in unsern Jahrhunderten entstanden ist. Hieraus entsteht diese Folgerung. Derjenige, welcher nachahmet, muß sich nach den Vorstellungen derer richten, die das Bild vergnügen soll. Das ist, wenn sie eine andre
Vorstellung von dem Vorbilde haben, als es in der That beschaffen ist; muß er nicht mehr die Sache selbst, die er nach-

ahmet, sondern die Begriffe derer, denen zu gefallen er sein
Bild verfertiget, zu seinem Vorbilde nehmen, und sein Bild
muß der Sache unähnlich werden, damit es desto eher mit den
Begriffen derselben überein komme. Man möchte den Einwurf machen, daß dieses ein falsches Vergnügen wäre, weil es
auf keiner wahren, sondern auf einer scheinbaren Ähnlichkeit
beruhet. Aber dieser Einwurf ist leicht aus diesem zu heben.
Weil die Gegeneinanderhaltung des Bildes und Vorbildes in der
Einbildungskraft geschieht, so ist nicht die Sache selbst, sondern der Begriff und die Vorstellung von der Sache das Vorbild. Denn da das Bild öfters nur eine Vorstellung ist: so
hieße dieses zwey ganz unähnliche Dinge mit einander vergle-
chen, wenn ich eine Vorstellung und eine wirkliche Sache gegen einander halten sollte. Wenn also das Bild nur mit der
Vorstellung des Vorbildes im dem Verstande derer, denen zu
gefallen man nachahmet, übereinstimmet: so kann es niemals
ein scheinbares Vergnügen hervorbringen. Denn gesetzt, daß
derjenige, der ein solches Vergnügen empfunden hat, hernach
seine Begriffe von dem Vorbilde ändert: so ist ihm doch noch
allezeit bewußt, daß der Nachahmende damals seinem Vorurtheile nachgegeben hat, und daß jener richtig nachgeahmet, er
aber selbst nur vorher unrichtig gedacht hat. Ob wir gleich
itzt ganz andre Vorstellungen von dem Weltgebäude haben, als
zu Zeiten des Virgils und des Ovidius waren: so vergnügen
wir uns doch noch immer an ihren Beschreibungen. Wir ergetzen uns noch immer an ihren Gemählden, von einer Allmacht
solcher Götter, die wir nicht mehr glauben; weil wir wissen,
daß sie die Begriffe ihrer Zeiten vollkommen wohl nachahmen:
aber wenn ein Poet neuerer Zeiten eben diese Bilder brauchen
wollte, so würde er die Regel eben so schlecht beobachten, als
jene sie wohl in acht genommen haben; es wäre denn, daß die
Sachen, die er erzählte, aus einer solchen Zeit hergeholet würden, daß wir unvermerkt, indem wir an die Zeiten des Alterthums gedächten, auch zugleich die Begriffe desselben annäh-
men und glaubten, daß wir mit einem Scribenten derselben
Zeiten zu thun hätten. Wenn also derjenige, der da nachahmet,
sich nach den Begriffen seiner Richter, oder Leser, oder Zuschauer, oder wie wir die Personen nennen, für die er seine
Bilder ausarbeitet, bequemen soll: so werden dadurch viel

ungerechte und übereilte Urtheile wegfallen, dadurch der Nachahmende zuweilen der Unnatürlichkeit beschuldigt wird. Wer hat z. E. jemals einen großen Herrn beständig auf die Art reden hören, wie ein König oder Held in dem Trauerspiele spricht. Wollte man deswegen sagen, daß Racine unnatürlich wäre, wenn er keine Periode sagt, darinnen nicht ein schöner Gedanken stecket; und wenn aus einer jeden guten Tragödie eine Menge überflüßiger Wörter und Reden verbannet wird, die dennoch im gemeinen Leben niemals unterlassen sich einzuschleichen, auch wenn große Herren sprechen; wenn auch kein unedles Wort darinnen vorkommen darf, ob man auch gleich aus der Historie beweisen könnte, daß ein solcher Herr es wirklich gesprochen hätte? Das Trauerspiel ahmet die Begriffe nach, welche der größte Theil der Leute, auch derer, die geübten Verstandes sind, von großen Herren, besonders aber von verstorbenen Helden hat. Der Tod und die Vergessenheit haben ihnen meistentheils dasjenige abgenommen, was sie von andern Leuten ähnliches hatten, und es ist nichts von ihnen übrig geblieben, als lauter solche Züge, daran wir erkennen, daß sie über andre Menschen erhaben waren. Also machet sich jeglicher von Jugend auf größere Begriffe von ihrer Art zu denken und zu reden, als die Sache selbst erfoderte. So gar die noch lebenden Helden lassen sich nicht so weit in den Umgang der Menschen ein, daß man sie sehr von einer andern Seite kennen sollte, als in so weit sie von wichtigen Dingen und edel sprechen. Das Trauerspiel ahmet also diese Begriffe nach, und kann folglich nichts anders, als einen Zusammenhang edler Gedanken und Verrichtungen hervor bringen: und es ist darinnen zu loben, weil es auf solche Art nicht allein unsern Begriffen genug thut; sondern auch die Ehrerbiethigkeit, die wir den Königen schuldig sind, unterhält. Hiermit dünkt mich also, daß ich eine Sache bewiesen und erläutert habe, welche dem ersten Ansehen nach ganz falsch scheinen sollte; nämlich, daß man zuweilen der Sache, die man nachahmet, unähnlich werden muß, um wohl nachzuahmen.

§. 22. Bey dem Vergnügen, das aus der Nachahmung entstehen soll, wird nothwendig vorausgesetzt, daß das Bild und

Vorbild in der Einbildungskraft dererjenigen, bey denen die Nachahmung einen Eindruck machen soll, gegen einander gehalten werden: folglich werden in dieser Einbildungskraft zwo Vorstellungen erfordert, nämlich eine von dem Vorbilde und die andre von dem Bilde; und die ganze Wirkung der Nachahmung fällt hinweg, so bald eine von diesen beyden Vorstellungen mangelt. Dieser Mangel kann sich finden,

1) Wenn sich das Bild dem Vorbilde in allem so gleich vorstellet, daß der Verstand das wirkliche von dem nachgeahmten nicht mehr unterscheidet, sondern beyde für eins hält. Ich habe davon in dem Schreiben zur Vertheidigung der gereimten Comödie weitläuftiger gehandelt. Den Einwurf habe ich nur noch wenigstens, nach einiger verständigen Freunde Meynung zu heben: ob eine solche Gleichheit des Bildes und Vorbildes möglich sey? Der philosophische Satz, daß zwo Sachen einander nicht vollkommen gleich seyn können, hat hieher keinen Einfluß. Denn sie können sich doch wenigstens einander vollkommen gleich vorstellen. Der Verstand giebt in Gegeneinanderhaltung der Dinge nicht auf kleine und unmerkliche Unterschiede Achtung, die nicht anders, als durch eine größre Aufmerksamkeit entdecket werden. Über dieses sind die Vorstellungen von dem Vorbilde meistentheils in verschiednen Dingen unbestimmet; weil sie größtentheils in allgemeinen Begriffen bestehen: und so bald der Verstand also etwas gewahr wird, das ihm unter diesen allgemeinen Begriff vollkommen zu gehören scheint; so nimmt er es nicht mehr für ein Bild an, sondern für eine wirkliche solche Sache, davon er den Begriff in seinen Gedanken hat. Er unterläßt also die Ähnlichkeiten der nachgeahmten Sache mit einer wirklichen zu untersuchen: weil es kein Vergnügen giebt, zu entdecken, daß eine Sache sich selber ähnlich sey; eben so wenig, als es einem ein solches Vergnügen erwecken kann, das die Nachahmung giebt, wenn ich sehe, daß ein Ey dem andern ähnlich ist, oder daß ein Baum die wirklichen Eigenschaften eines Baums hat. Wir haben ein Exempel von einer so natürlichen Nachahmung in den Gesichtern, da man den Unterscheid des wirklichen und nachgeahmten zu großem Verdrusse der Zuschauer nicht mehr von einander unterscheiden können. Ein Mimus sollte die Person eines rasenden vorstellen, und anstatt in den gesetzten Schran-

ken einer nachgeahmten Raserey zu bleiben, und mit Verstande zu rasen, gab er alle Kennzeichen eines wirklich unsinnigen Menschen von sich. Er befriedigte sich nicht allein damit, auf dem Theater über die Maaße zu wüten; sondern er lief auch unter die Zuschauer, und übte daselbst verschiedne Ausschweifungen aus, daß man dabey auf die Gedanken gerieth, er wäre wirklich rasend worden. Und niemand von allen Zuschauern wußte ihm diesen Betrug Dank.

2) Der zweyte Fall, wo der Endzweck der Nachahmung durch den Mangel eines nothwendigen Begriffes in der Einbildungskraft unsrer Zuhörer, oder Zuschauer, oder Leser verlohren gehen kann, ist, wenn dieselben keinen Begriff von dem Vorbilde haben. Ein Conterfey verliert seine größte Schönheit bey allen denenjenigen, die die Person selbst nicht kennen, und bleibt nicht weiter schön, als in soweit es einem Menschen überhaupt ähnlich ist. Ein Dichter muß also die Begriffe seiner Leser kennen, wenn er nicht vergebens und gleichsam für eine andre Nation nachahmen will: und die Exempel und Gleichnisse, die man vor einigen Zeiten aus den Reisebeschreibungen von indianischen Gewächsen und Thieren, und von allem was nur fremde Namen hatte, vernahm, sind also Dinge, die sich zur Nachahmung sehr wenig schicken. Die Beschreibung einer Hennen, eines weiblichen Thieres,

> Das von dem leichten Volk, so sich in Federn kleidet,
> Des Kammes kronen gleiche Zier
> Die Wachsamkeit (die Phyllis nie beneidet)
> Und treue Dummheit unterscheidet;
> Das blinde Aberwitz von guten Männern borgt,
> Und Junge fremder Art, als seine Zucht versorgt.

ist hundertmal mehr werth, als die Schilderey von einem Phönix, wenn gleich eine Henne gegen einen Phönix gerechnet, nur unter den Pöbel des Federviehes zu gehören scheint. Eben dieses ist auch von gelehrten Beschreibungen in denenjenigen Gedichten zu sagen, welche nach der Absicht des Verfassers nicht zum Vergnügen gelehrter, sondern zur Ergetzung aller Arten von Leuten gemacht seyn sollen. Das Vorbild mangelt in dem Verstande der Leser, und diese Bilder sind also ohne Kraft und machen den Leser nur verdrießlich. Die natürlichste Beschreibung eines heidnischen Gottes kann itzo die Wirkung

nicht mehr haben, die sie zu Zeiten Virgils hatte, und scheint
nur für Liebhaber des Alterthums gemacht zu seyn. Die Beschreibung:

> Wenn holdes Weigern, sanftes Zwingen,
> Verliebter Diebstahl, reizend Ringen,
> Mit Wollust beyder Herz beräuscht;
> Wenn der verwirrte Blick der Schönen,
> Ihr schwimmend Aug voll seichter Thränen
> Was sie verweigert, heimlich heischt.

wird einer ungelehrten Person viel reizender seyn, als der Gür-
tel der Venus und die Beschreibung, die Homer davon macht.

9   JAKOB IMMANUEL PYRA: Fortsetzung des Erweises, daß
die G*ttsch*dianische Sekte den Geschmack verderbe.
Berlin 1744, S. 21–25, 60–90)

Was den Streit wegen der Leipzigschen und Zürich. crit.
Dichtk. anlangt; so will ich kurz meine Gedanken sagen. Wann
ich nach des Horatz Ausspruch urteile: ut pictura poesis erit;
so folgt offenbar, daß die Herren Schweitzer den rechten Weg
erwelet haben; und nicht Herr Gottsched, der sehr unbillig
vorgibt, daß sie nur bei der untersten Stuffe stehen geblieben
wären; und sich über die poetischen Bilder im Tone des Hrn.
Schwartzens lustig macht. Darin bestärkt mich noch mehr,
daß die besten alten und neuen Kunstrichter, z. E. Aristoteles,
Hedelin, Du bois u. s. f. eben den Weg erwehlet haben. Wann
wir ferner die Einrichtung beider Werke gegen die Schriften
dieser Männer halten; so fällt iedem gleich in die Augen; daß
nicht Herr Gottsched: sondern Herr Breitinger die gehörigen
Materien erwehlet. Denn das, was vornemlich einen Dichter
ausmacht, ist nicht blos die Fabel, nicht der Vers, nicht einige
Figuren der Rede: dann die Fabel ist nichts anders als die Disposition, und ein Lehrer der Beredsamkeit wäre zum Exempel
sehr lächerlich wann er für sein Hauptwerk die Disposition
hielte, wie Herr Prof. Gottsched die Fabel; und wann sie Aristoteles die Seele nennt, so sagt er damit nichts mehr, als alles
müsse sich danach richten. Es ist jene zwar ein unentbehrlich
Stück der Rede: Es gehört aber vornehmlich die Kunst zu über-

zeugen und zu überreden darzu; folglich die Ausführung der Beweiß und Bewegungs-Gründe. Eben so ist es in der Poesie. Die Episoden sind das vornehmste. Man muß aber dis Wort ja nicht, wie der Herr Prof. für eine Einschaltung fremder Handlungen; sondern mit dem Aristoteles für die Ausführung der Fabel nehmen. Folglich muß man zeigen wie Charakter und Charaktermäßige Handlungen, Reden, lebhafte Begebenheiten, und Umstände zu erfinden und auszubilden seyn.

In Bodmers und Breitingers Schriften liegt dis vor Augen: man darf nur die Titel ihrer Hauptstücke durchlaufen; Sie zeigen überall, wie dergleichen auszusinnen, wie sie geschickt in das Ganze einzupassen seyn, und mit was für Farben sie zu schildern seyn, damit sie die nöthige Würckung auf die Einbildung und das Herz thun, und dazu ziehen sie Regeln aus den Geheimnissen, der Geister und Sitten-Lehre an den Tag. So machte es Aristoteles und alle alte und neue wahre Lehrer der Dichtkunst.

Was thut der Herr Prof. Gottsched? Er bleibt bey dem alten Schlendriane. Er gedenkt zwar aller dieser Dinge hin und wieder; aber nur historisch: denn er hatte doch bei andern davon gelesen. An statt nun dis auszuführen, macht er aus solchen Dingen lange Abhandlungen derer er kurz hätte gedenken können, als die Historie der Poesie, den Charakter und Geschmack des Poeten. Das Capitel von der poetischen Nachahmung, der Wahrscheinlichkeit, und dem Wunderbaren sind blos historisch critisch; folglich gantz unzulänglich: (wie man schon gezeiget) hingegen hält er sich, nach Art der gemeinen Poetiken, weitläuftig, doch eben nur historisch critisch, bei den Worten, Tropen, Figuren, der Schreibart und den Versen auf; Da doch die erstern Stücke in die Oratorie vornemlich gehören, und nach der Einrichtung seines Buches, nur kürzlich hätten sollen angebracht werden.

Ich darf fürchten, daß man mir einwenden wird, das hätten Lamy und Herr Breitinger auch gethan. Aber fürs erste hat der letztere nicht solche nötige Stücke, als ich oben erinnert habe, vergessen, und Lamy schrieb eine Redekunst. Zweitens; so muß man weder einen noch den andern gelesen haben. Wann man den grossen Unterschied nicht siehet. Beide haben nicht bloß schlecht weg Beschreibungen gemacht, und dann gerade hingesagt, das muß man gebrauchen. Sondern die Art und Weise der Anwendung aus der Natur und in richtigen Exempeln entdeckt. Besonders möchte ich wohl wissen, ob Herr Prof. Gottsched sein Capitel von den Figuren, mit Lamys für gleiche wolle angesehn haben? Ich will es nicht hoffen.

Wann aber die Herrn Bemüher sagen, Bodmer und Breitinger hätten nichts bewiesen; so weiß ich nicht was ich sagen soll. Doch die Ursache läßt sich endlich schon schliessen; denn wo sie nicht die äusserliche Form sehen; da können sie auch den Beweiß nicht erkennen. Sie dürfen nur rechte Leser werden und allen Sätzen ihre Namen geben; so werden sie die Demonstrationes ohne Schwürigkeit finden. Doch Herr Tulipe wolte was von der dogmatischen Schreibart sagen. Aber sein zurück behaltener Ausspruch würde, allen Vermuten nach, so herausgekommen seyn, als der Herrn Bemüher ihre. Denn sie wissen immer wohl die Regeln auswendig, aber nicht den rechten Verstand und die Ausnahmen. Daher kommt die Beschuldigung, daß Herr Bodmer und Herr Breitinger keine rechte Erklärung gegeben hätten.

Was sonst den zweiten Teil der critischen Dichtkunst betrift; so hat der Herr Prof. nicht Ursache, die Herrn Schweitzer so verächtlich anzusehen, daß sie davon noch nichts geschrieben. Aus dem seinigen wird keiner einmal eine rechte Ode machen lernen. Was hat er darinn gelehrt, als die Strophen und Verse zu ordnen; ausser daß er in 11. §. ein historisch Recept von der Ode giebt. Hier hätte er das Wesen der Ode die schöne Unordnung, die Tour, oder Wendung und die Entzückung erklären, und die Anwendung zeigen sollen; aber besser als la Motte.

––––––

Ich bleibe gleich so, zu reden, am Thore, dieses Schauspiels stehen. Die Aufschrift der sterbende Cato ist mir anstößig. Und das nach des Herrn Verfassers eignen Regeln und Gründen. Dann erstlich muß der Titel nie den Ausgang verraten. Der Leser wird dadurch um das Vergnügen des unerwarteten gebracht. Deswegen ist in den Crit. Beiträgen mit Recht die Benennung Tragicomedie getadelt; Wiewohl die noch nicht so verrätherisch ist, als das Wort sterbend. In dem jene nur überhaupt die Art des Ausganges, diese aber noch ausserdem die Beschaffenheit desselben ganz deutlich anzeiget. Denn es kan ja ein Trauerspiel sich auf eine andere Art, als durch den Tod traurig enden. Die alten haben zwar auch dem Nahmen ihres Helden ein Beiwort zu gesellet; aber das entdeckt nicht die Beschaffenheit des Schlusses, sondern nur der Hauptperson; oder es ist von dem Orte hergenommen. Zweitens sagt sterbend nicht, was es soll. Cato liegt ja nicht in der Todesangst. Gehts auf die letzte Handlung; so ist noch mehr wieder jene Regel gesündiget.

Aristoteles giebt diese Erklärung von einem Trauerspiele. Es sey eine Nachahmung einer Handlung, die ganz ist, und eine rechte Grösse hat, deren Schreibart wohlklingend in verschiedenen Teilen aber mit Musik und Täntzen versehn ist, die ohne Hülffe der Erzehlung, blos durch das Mittel des Mitleidens und Schreckens, die Leidenschaften zu reinigen sucht. Aus dieser Erklärung gehn unsern heutigen Trauerspielen die Musik und die Tänze nicht mehr an. Man hat die Chöre wie wohl ohne Grund aus denselben verwiesen. Ein paar elende Geigen, so die Handlung nur zu unterbrechen dienen, können sich ihrer Ehre nicht anmassen.

Ein regelmäßiges Trauerspiel muß eine Nachahmung einer Handlung seyn. Ein tragischer Poet muß also nicht blos vorstellen; wie sich eine Person in diesen oder jenen Umständen verhalte; oder wohin sie sich neige und was sie etwa verrichte. Sondern wie sie aus gewissen Bewegungsgründen gewisse Mittel anwende, eine Absicht zu erreichen. Dis gehört zu einer vollständigen Handlung. Ich will es durch das vollkommenste Trauerspiel, den Ödipus des grossen Sophocles beweisen. Es ist in Theben eine Pest. Ödipus schickt nach dem Oracul; ein Mittel zu erfahren; wie ihr abzuhelfen sey, und bekommt die Antwort, daß der Mörder des Lajus solle bestraft werden. Dis sind seine Bewegungsgründe. Er wendet alle Mittel an, diesen Endzweck, die Ausforschung des Mörders, zu bewerkstelligen. Man muß aber mercken daß die Absicht und der Ausgang oft sehr unterschieden seyn.

Laßt uns darnach die Handlungen des Cato untersuchen. Der Herr Prof. Gottsched hat seine Fabel selbst nicht entworfen; aber wohl die aus dem Cato des Addisson. Im Grunde ist sie in seinem nicht verändert. Das Hauptwerk ist dieses: Cato ist nebst wenigen Römern und einigen Hülfsvölkern in Utica eingeschlossen. Cäsar bietet ihm den Frieden an. Man schlägt ihn aus. Cäsar läßt seine Armee anrücken: Cato sieht kein Mittel ihm zu wiederstehn und ersticht sich. Ihr seht hier wohl wie sich Cato in diesen und jenen Umständen verhält; Er thut auch mancherlei aber nur bey Gelegenheit. Aber das alles zusammen so viel auch geschicht, macht keine Handlung nach den Regeln aus. Er ist eine blosse Begebenheit. Und die ist von jener unterschieden, und nicht tüchtig, daß daraus ein Trauerspiel werden könne.

Mir dünkt der Character dieses stoischen Weisen würde noch heller geleuchtet haben; wenn er eine regelmäßige Handlung ausgeübet und mit seiner gewöhnlichen rauhen Strenge auf seinen Endzweck gedrungen hätte. Nach dem Titel und dem Vorsatze des Dichters solte es sein Selbstmord seyn: Ich will noch einen voraus setzen, der statt gefunden hätte: Nemlich dem Cäsar zu wiederstehen. Oder die Römer zu vertheidigen. Auf einen von diesen beiden müste alles gerichtet seyn. Wir werden es sehn.

Gleich Anfangs sucht Arsene beim Cato Trost und Hülffe wieder den Pharnatz, den Mörder ihres vermeinten Bruders, und er verspricht sie. Warum? ist dis ein Bewegungsgrund oder ein Mittel zu einer von diesen Absichten. In geringsten nicht. Arsene wird als seine Tochter erkannt. Er zwingt sie die partische Krone nieder zulegen. Was trägt das zur Sache bey? Cäsar kommt um Arsenens willen nach Utica, und Cato unterredet sich mit ihm wegen des Krieges. Dieses könte man zu den Mitteln rechnen; wenn der Wiederstand gegen den Cäsar die Hauptabsicht seyn solte; aber 1) sieht es mehr einer Zwischenbegebenheit ähnlicher: 2) gesteht der Herr Prof. selbst daß es nur geschähe, um den Cäsar und Cato gegen einander zu stellen.Was ist das anders als die Personen und nicht eine Handlung nachahmen? Das verbeut Aristoteles. Weiter: Marcus wird erstochen Cato hält ihm eine Leichenrede. Wozu dient dieser Umstand? ist es ein Bewegungsgrund, daß er sich ermordet? Dis zerstöhrete seinen Character: Nein, es ist eine Gelegenheit, ihn zu zeigen. Der Ausgang ist die ganze wahre Handlung. Man kan einwenden: ich hätte die Zwischenbegebenheiten zur Haupthandlung gezogen; da sie nicht darzu gehörten. Aber eben das ist ein Fehler. Besser unten wird sich zeigen, daß alles dazu gehören muß, ins besondre das worein der Held verwikkelt ist. In dem Ödipus ist es offenbar. Wäre Portia die Hauptperson; so wäre ehe eine Handlung nachgeahmt. Es scheint überhaupt, daß unserm Dichter ein Roman besser, als eine Tragödie, gelingen solte.

Eine nachgeahmte Handlung die eine Sittenlehre unter sich begreift, heist eigentlich eine Fabel. Im Trauerspiele muß sie durch Hülfe des Mitleidens und Schreckens die Leidenschaften zu reinigen suchen. Darzu, wird eine Handlung erfordert, wenn es regelmäßig seyn soll. Da diese nun nicht im Cato ist; so folgt von selbst, daß keine Fabel da seyn könne. Es geschicht zwar nur mehr als zu viel; Aber dis ist eben der Fehler. Es solte nur eines recht geschehen. Das Mitleiden sowol als das Schrecken wird eigentlich von der Auflösung gezeuget. Den diese würckt das plötzliche Erstaunen. Die andern kleinen Schrecken und Traurigkeiten sind nur Vorbereitungen oder Folgen. Ich sage; wenn es nach den Regeln gehen soll.

Die Hauptperson muß daher etwas in Willens haben, dadurch sie unglücklich wird, oder sich endlich aus dem Unglücke heraus gerissen sieht. Das theatralische Unglück aber muß eine Folge der Feler des Helden seyn. Dadurch erlangt die Sittenlehre erst ihren Nachdruck. Ich überlasse es dem Urtheile meiner Leser ob die kleinen Schrecken und Betrübnisse solche Vorbereitungen und Folgen der grossen über Catons Tod seyn. Es wird sich auch hernach zeigen. Seine Entleibung ist keine Folge aus seinen begangenen Fehltritten. Aber die Umstände waren also beschaffen, daß er Hand an sich legen muste. Allein daran hatte er keine Schuld, daß Cäsar siegte, und Rom fiel. Alles was er vorher thut, ist löblich und eines grossen Vertheidigers seines Vaterlandes gemäß. Das Unglück auf dem Schauplatze ist gleichsam ein sichtbares Verbot der Handlungen. Man braucht nicht mehr, als die grossen Meister anzusehen, wenn man davon will überzeugt seyn. Hierin liegt auch der Grund von der Beschaffenheit des Helden, die Aristoteles fordert. Es ist war; Cato ist also vorgestellt: aber diese Beschaffenheit muß ihn etwas begehn lassen, dadurch er unglücklich wird, und das ist nicht. So würkte z. E. die grosse Hitze und Neugierigkeit des Ödipus alle die erschrecklichen Thaten, die ihn seinen Fall über den Nacken zogen.

Noch eins. Ein Dichter muß eine solche Sittenlehre vortragen, die seinen Landsleuten gemäß ist. Die Vorrede zeiget, daß er von dem allzu grossen Eigensinne in der Vertheidigung der Freiheit abschrecken wolle. Für die Engländer kan das vielleicht eine Lehre seyn, aber ich weiß nicht, ob sie für die Deutschen eben so nötig ist. Uber dem, da ein Trauerspiel nicht eine Nachahmung der Tugenden oder Laster, sondern der daraus fliessenden Handlungen ist: so muß auch die Lehre nicht seyn, wie man beschaffen seyn solte, oder nicht: Sondern; was man, bei solcher Beschaffenheit, thun oder lassen soll. Wer dis genauer erwegt, wird sehn, daß ich dadurch die Reinigung der Begierden nicht aufhebe, und also den Aristoteles wiederspreche, dis folgt aus jenen. Aristoteles verlangt ferner: Der Inhalt der Tragödie solle ein ganzes ausmachen; welches er so erklärt; Dasjenige sey ganz, was einen Anfang, Mittel und Ende hat. Der Anfang heist bey ihm was nichts voraus setzt; oder nicht aus einem andern folget; sondern aus dem etwas natürlicher Weise entstanden seyn, oder entstehen soll. Man merkt leicht, daß er hierdurch die Quellen und Ursachen verstehet. Denn davon fängt die Handlung an. Diese gehören hauptsächlich in die erste Handlung. Es hätte also der Herr Prof. darinn erklären sollen; warum sich Cato zu seinem Selbstmorde entschliesset. Aber wovon wird dann geredet; man verzeihe mir den Scherz von einem Findelkide und von Hochzeit machen; Kaum gedenkt Cato manchmal mit zwei Worten an jenem. Dis kommt mir vor, wie ein Kinderköpfgen, das aus einer grossen Perücke gucket.

Das Mittel ist nach des griechischen Lehrers Erklärung, das was etwas voraus setzt, und worauf was folgen muß. Oder alle Mittel, Handlungen und Begebenheiten, die in den angegebenen Ursachen gegründet seyn, und zu Erreichung des Endzwecks, oder zur Verhinderung desselben etwas beitragen. Ich habe schon vorher gezeiget, wie alles was da geschicht, wenig mit dem Tode des Cato zu thun habe. Und da zu der Handlung kein Anfang da ist; so können auch keine Mittel darinnen gegründet seyn. Aus dem allen folgt endlich, daß auch kein rechtschaffenes Ende da sey. Dann was hat endlich der Selbstmord des Cato mit allen vorhergehenden Tändeleyen mit der Arsene zu thun, welche alle vier vorhergehende Aufzüge erfüllen.

Folglich ist dann die letzte Handlung eigentlich die Materie des ganzen Trauerspieles, und alle vier vorhergehenden unnütze. Die erste Scene enthält den Anfang: denn Cato zeigt alle Bewegungsgründe an, die ihn reitzen können, seinen abgezielten Endzweck, den Selbstmord zu beschleunigen. Das Mittel ist vollkommen da. Er macht seinen Degen, wie Ajax zurechte, sein Sohn kommt und will ihn verhindern; er aber dringt durch. Die Reden sind auch nicht übel angebracht, so die Portia und die andern halten. Ja es kommt noch eine neue anscheinende Verhinderung, die Post von Pompejens Sohne dazu.

Diesen Entwurf hätten die Dichter ausarbeiten und zu seiner rechten Grösse erweitern sollen. Ich gestehe es. Ohne die Episoden würde es schwer geworden seyn, fünf Handlungen damit anzufüllen; aber das ist eben die Kunst, und dazu ist nur ein grosser Geist aufgelegt. Mittelmäßige Reimer raffen immer viel Materie zusammen, und wissen doch hernach wenig rechtschafnes davon zu sagen. Aber ein ungemeiner und warhaftig scharfsinniger Geist, braucht nur wenig Anlaß; und gleichwol weiß er viel davon vorzutragen: dann bei seinem Reichtume an Witz und Geist leidet er nie Mangel an Gedanken, dazu er immer Gelegenheit in der Materie siehet; wo ein andrer blind überhin gehet. Denn so wie sich aus einem kleinen Mittelpunkte eine grosse Menge der längsten und gradesten Linien bis zum Umkreise ausbreiten lassen, woraus ein vollständiger Zirkel erwächst; da alle andre Striche, so nicht in diesem kleinem Tüttelchen ihre Quelle haben, falsche Querstriche seyn, und die schöne Übereinstimmung desselben nur verwirren; So weiß er aus einer kleinen mit Verstand erwelten Handlung Umstände, Thaten und Reden heraus zu schöpfen, die die vorgeschriebne Schranken ienes Trauerspiels erfüllen.

Eben wegen dieser so nötigen Verbindung ist den Dichtern das Gesetz von der dreifachen Einheit gegeben. Die Einheit der Handlung oder die genaue Übereinstimmung und Verknüpfung aller Teile zu einem einzigen Endzwecke ist also sehr schlecht in acht genommen. Etwas besser sieht es mit der Zeit aus; wiewol es doch nicht wahrscheinlich ist, daß Portia unter andern in der 7. Sc. 5 H. in Ohnmacht fält, und ohne daß man sie aufkuhlen oder weg bringen sehen, schon wieder munter ist, ehe 9tehalb Zeilen gesagt werden.

Die Einheit des Orts ist zwar sclavisch aber nicht künstlich beobachtet. Es ist gar nicht glaublich, daß alles auf dem einem Platze vorgehe. Und es ist im Grunde viel verwerflicher, wenn man darauf geschehn läst, was natürlicher Weise nicht geschehn kan; als wenn man in ieder Handlung einen neuen Ort nimmt. Dann jenes zerstörrt die innere Wahrscheinlichkeit; dieses aber ist so ungeschickt nicht, da die Chöre, und also die Verbindung unter den Handlungen mangelt. Wer läßt sich wohl bereden, daß z. E. Pharnaz alle seine Boßheit vor Catons Zimmer ausschreye, und wie ungeschickt ist die 1. Scene der 5ten Handlung? Cato müste der wunderlichste Eigensinn seyn, wann er sich auf den Saal betten liesse. Man merkt wohl, daß es ein Schlafgemach seyn soll, aber wo kommt das her; und ist es wohl wahrscheinlich, daß ein solch geheimes Gemach auf den Saal gehet: Vorher hört und sieht man nichts davon. Das soll manchmal den Baumeister der Bühne auf die Gedanke gebracht haben; einen Gott oder Zauberer abzugeben, und auf einmal ein zuvor nicht gesehnes Zimmer plötzlich auf dem Saale entstehen zu lassen. Es ist vermutlich wol dis wieder des Herrn Prof. Willen geschehen; denn die pros. Erklärungen hinter der 2ten Scene läßt uns schliessen, wie seine Einrichtung gewesen. Aber an statt daß dis zur Entschuldigung dienen solte; so hilfts nur noch mehr zur Verurtheilung. Wer den Hedelin gelesen hat, wird auch seine spitzige Gedanken von dem Vorhange wissen.

Aber noch weiter. Wo hat es die geringste Wahrscheinlichkeit, daß er bei einem so geheimen Vorhaben das Zimmer habe offen gelassen, da er davon geredet. Merken hier nicht die Zuschauer, daß es blos um ihrentwillen geschicht, damit sie seine Worte hören können. Ein grosser Fehler! Uberhaupt sind weder die Säle noch Schlafzimmer die Örter zum Schauspiele. Aber wenn man auch dis zuläßt; Wie kan man die Wahrscheinlichkeit weiter behaupten, wenn Cato in dem Auftritte den Portius schilt, daß er in sein Cabinet herein gedrungen sey; so ist nothwendig, daß es wieder muß zugemacht gewesen seyn. Aber davon steht nichts, und ich glaube auch nicht, daß es geschehn sey. Soll es aber geschehen, wie es nothwendig ist, wenn nicht alle Wahrscheinlichkeit wegfallen, und sein catonischer Verweiß lächerlich werden soll; was werden die Zuschauer sagen; wenn er ihnen entweder die Thüre vor der Nase zuschmeist; oden den Vorhang fallen läßt, und zwar blos damit Portius was aufzumachen hat? wo bleibt die Anständigkeit? Es ist dis auch noch um einer andern Ursache fehlerhaft; nemlich: weil man den Zuschauer würklich dasjenige, was sie auf dem Schauplatze sehen solten, auch solte sehn lassen; ich meine, daß Portius zu seinem Vater hinnein dringt. Deswegen wird auch Carcinus beym Aristoteles getadelt, daß er den Amphiaraus läßt aus dem Tempel gangen seyn, ohne daß es die Zuschauer gesehen. Die Alten, und ins besondre Sophokles, sind auch in diesem Stücke ganz unvergleichlich. Der Ort ihres Schauplatzes ist allezeit ein öffentlicher, aber fast in iedem Stücke ein verschiedener Ort. Die Kunst, mit welcher sie ihn anordnen, und die Regel beobachten, nebst der Schönheit und Pracht, sind erstaunenswürdig. Auch das blosse Lesen ihrer Tragödien sezt uns dadurch in die grösseste Verwunderung. Diese Kunst wird man in den neuern sehr selten gewahr werden, wir müssen uns ordentlich mit sehr schlechten prosaischen Beschreibungen davon abspeisen lassen.

Der Philosoph theilt ferner die Handlungen oder Fabeln ein, in einfache und zusammen gesetzte oder verwickelte. Jene sind die, die so zu reden in einem Tone fortgehn, und sich ohne Glückswechsel oder Entdeckung schliessen, oder die so traurig aufhören, wie sie sich beginnen, wo der anfangs abgezielte Zweck erreicht wird, und mit ihm gemässen Umständen und Folgen begleitet ist. Dann auf den Ausgang gründet sich vornemlich die Benennung. Unter den grichischen Tragödigen findet man wenige von dieser Art. Ajax gehört hierher. Mir dünckt aber nicht, daß der Philoctetes des Sophocles, wie Dacier will, darzu zu rechnen sey; Indem darin ein offenbarer Glückswechsel vorhanden ist. Denn er geht auf des Hercules Befehl aus seinem jämmerlichen Zustande heraus. Ajax aber führt seine grausame Entschliessung wieder sich selbst aus; und der Streit über sein Begräbniß und was dabey vorgeht, ist demselben gemäß und gleich.

Eine solche einfache Handlung soll. allem Ansehen nach, der Cato seyn; und wäre es auch, dafern die fünfte Handlung die Haupthandlung des ganzen Werks wäre. Der Cato vollbringet seinen Vorsatz den er in der ersten Scene kund gethan.

Die Umstände dabei erfolgen schön und natürlich daraus, und alles ist, wie der Anfang betrübt. Die Erkentnüß sowohl als der Glückswechsel müssen einen Teil der Hauptfabel ausmachen, und aus der Materie also entspringen, daß alles, was vorhergehet, sie entweder nothwendig oder wahrscheinlich hervorbringe. Folglich dürfen sie nicht in den an und vor sie falschen Nebenfabeln seyn.

Ich brauche nichts mehr zu sagen, um zu beweisen, daß Cato keinen Platz unter den zusammengesetzten Fabeln verlangen könne. Aber laßt uns die Erkentniß etwas näher betrachten. Der Name ist klar genug, ihre Eigenschaften sind daß sie Haß oder Liebe unter denen verursache, die der Poet will unglücklich oder glücklich machen, das ist unter den Hauptpersonen. Diese sind in diesem Trauerspiele ohnstreitig Cato und Cäsar. Aber Cato und Cäsar bleiben Feinde; obgleich Arsene als seine Tochter erkannt wird, soll aber Arsene es seyn; so bleiben sie Freunde, wie sie es waren. Besser ist die andre; da sich Arsene und Cäsar erkennen. Denn diese werden aus Verliebten zu Feinden. Aber es ist und bleibt fehlerhaft, denn die Erkentniß soll unter den Hauptpersonen, und also unter Cäsarn und Caton vorgehn. Keine Nebenperson muß den einen Teil ausmachen, vielweniger die Person seyn, die erkannt wird, die Alten haben nicht leicht dawieder gefehlt. Z.E. da sich Ion und seine Mutter beim Euripides erkennen; so werden sie aus Todtfeinden die zärtlichsten Freunde. Beyde sind auch die Vornehmsten im Spiele.

Arist. erklärt unter allen Arten der Erkentnissen, diejenige als die schönste, welche aus der Materie selbst gezeuget wird, und durch wahrscheinliche Mittel ein grosses Erstaunen zuwege bringet. Er führt als Beispiele den Odipus und des Euripides Iphigenie in Tauris an. Diese letzte scheint das Muster von der im Cato gewesen zu seyn. Euripides zeigt erstlich seine Fabel sehr deutlich an. Ein junger Prinz erhält von dem Orakel Befehl das Bild einer Göttin aus ihrem Tempel zu reissen, um dadurch von seiner Raserei befreiet zu werden. Er reiset deswegen hin zu dem Tempel, und erlangt seinen Zweck durch Hülffe seiner Schwester, die er dort erkennet. Diese Fabel ist richtig eine zusammen gesetzte, denn die Erkenntniß liegt schon in der Materie selbst; Ist aber die Materie nicht selbst;

sondern nur ein Teil davon. An der Fabel des Cato aber hat die Erkenntniß der Arsene keinen Teil.

Euripides hat seine also ausgearbeitet, daß die Entdeckung ihren Grund in der vorhergehenden hat, oder, daß sie wohl vorbereitet ist. Bemerket die sinnreiche Art. Iphigenie kommt aus dem Tempel, um ihrem Bruder das Todtenopfer zu bringen. Die Ursache die sie selbst angiebt, ist ihr Traum, worin, wiewohl dunckel, etwas von dem Zukünftigen erblickt wird. Nachdem Orestes, der die Ursache seiner Herkunft anzeigt, und Pilades wieder abgegangen; kommt Iphigenie wieder, klaget mit dem Chore über ihren Bruder. Indem kommt ein Bote und berichtet ihr, daß sie zwei gefangne Griechen opfern solle; Dieser weiß zwar des Pilades aber nicht des Orestes Nahmen. Sie fasset einen strengen Entschluß, und nach dem der Chor gesungen; so werden die Beide herzugebracht, welche man gefangen genommen. Sie fragt auch den Orest um seinen Nahmen, aber er verweigert es ihr unter allerhand Entschuldigungen, gesteht aber doch, daß er von Argos sey, und den Orestes wohl kenne, von dessen Leben er ihr zugleich Nachricht erteilt. Sie selbst giebt oft zu verstehen, daß sie gern von hier wolte. Dis konte nicht besser als durch die Hülfe ihres Bruders geschehen. An dem findet sie itzt Gelegenheit zu schreiben und so ist, ohne daß man es wahrnimmt, dieser Brief das Mittel der Entdeckung wohl vorbereitet. Denn als sie ihn denselben darauf aus einem warscheinlichen Grunde vorließt; So erkennet er daraus, daß sie seine Schwester sey. Es ist dis ein rechtes Kunststück. Es wird vielleicht allen sehr leicht scheinen. Aber eben deßhalb ist es um so viel Kunstreicher.

Hat es der Herr Professor auch also zubereitet? Er selbst sagt nichts davon. Ich finde auch nichts. Euripides läst uns immer vermuten daß jetzo die Entdeckung geschehen werde; aber er betrügt uns immer aufs angenehmste; Herr Gottsched gedenkt nicht mit einem Worte daran, biß er auf einmal mehr thut, als wir nicht gedacht haben; und zu einer Zeit, da es auch wohl niemand von ihm gefordert hätte. Dem Cato selbst ist es vorher nicht in die Gedancken gekommen daß er eine Tochter gehabt. Und er selbst hätte sich eh des Himmels Einfall, als die gar zu plötzliche Entdeckung versehn. Doch nein, Cato gedenckt mit zwey Worten an sein verlohren Kind. Aber vornemlich ist es, 1) viel zu kurz vor der Entdeckung. 2) Ist es nicht wahrscheinlich daß sie, die er als ein junges Kind eingebüsset, sich noch solte so ähnlich gewesen seyn, daß er sie erkennet hätte. Ein scherzhafter Kopf würde sagen, der ernsthafte Cato müsse der Schönen ein wenig zu tief in die Augen geguckt haben: weil er ihre Bildung so genau bemerket. Und 3) liegt ihm Rom so sehr in Gedanken, daß er darüber seiner Kinder leicht vergißt. Die erste Zeile ist sehr gut.

> Ich spüre neuen Trieb Arsenen zu beschützen.

Die Natur kann sich regen. Ja es hätte auch dem Cato wohl angestanden; Wenn er wegen ihrer Tugend gewünscht, daß sie seine Portia seyn möchte; Dadurch wäre es vielleicht wahrscheinlich geworden. Aber also ist es zu gezwungen. Arsene selbst hätte, ohne das Spiel zu verderben, wohl wissen und sagen können, daß sie nicht des Arsaces Tochter sey: Es wären aber also alle die schönen Verweise wegen des Brudermordes weggefallen; Ich gebe es zu: behaupte aber, daß es besser sey, und seyn würde; weil man gar nicht vermutet daß eine so tugendhafte Prinzeßin so wenig gerechten Zorn habe, daß sie noch lange Gespräche von der Liebe mit ihres Bruders Mörder halten könne. Man erwartet von ihr nicht mehr, als zwey Worte. Grausamer Mörder meines Bruders, gehe mir aus den Augen!

Die Art und Weise der Entdeckung kan nicht ungeschickter erdacht werden. Wie plump kommt der Phocas daher gerannt und sagts ihm schlecht weg; Arsene sey Portia, nachdem er eine Románenhafte Erfindung daher geplaudert, die uns gar nicht rührt. Wann nichts mehr darzu gehörte, als es dem andern sagen zu lassen; wenn er einen erkennen soll; So hätten die Kunstlehrer gewiß nicht so viel Wesens daraus machen dürfen. Der allergemeinste Witz reichte dazu hin. Was vor geheimnißreiche Vorbereitungen, was für Umwege haben andere Dichter nicht zu nehmen gewust! Sie scheinen immer ganz wo anders hinaus zu wollen. Nie gehen sie gerade zu. Viel schlechte Románenschreiber haben es besser gemacht, als Herr Gottsched. Iphigenia wird auch in der vorher angeführten Tragödie durch einen Brief entdeckt: aber wie ist der erstlich vorbereitet, und sodann ganz wo anders hin gerichtet!

Ferner so ist auch gar keine Ursache, warum die Entdeckung

gerade itzt und nicht eher oder später geschiht. Andre Dichter lassen sie erst dann vorgehen, wann sie nun als eine nothwendige Würckung ihrer treibenden Ursachen nicht ausbleiben und ohne dieselbe die gantze Handlung keinen fernern Fortgang haben, noch das Ende erreichen kan; So ists mit dem Odipus und andern beschaffen. Wann aber Cato gleich niemals seine Tochter wieder gesehen, hätte er sich deßwegen nicht ermorden können?

Die folgenden Entdeckungen haben alle nicht im geringsten mehr Kunst. Denn Cato sagt es allen nur schlecht hin. Ob nun dis sich gleich für ihn schickt; So sind doch im Gegenteil der Vorsatz; seine Tochter erst zu probieren, ehe ers ihr kund thue, und die klägliche Art, mit welcher er ihr auf ihre Erklärung wegen der Liebe gegen den Cäsar antwortet, Dinge die mit seinem Ernst und seiner Strenge sich nicht reimen. Der Kopf ist ihm noch nicht vom Weine warm geworden, daß er Lust zu schertzen und sich zu verstellen haben kan. Sonst hoft man, daß er sich solche Kleinigkeiten, als ihre unschuldige Liebe gegen den Cäsar nicht gleich zu einer so unverständigen Betrübniß werde bringen lassen. Es wäre für ihn genung gewesen; wann er sie auf der Stelle hätte rufen lassen, und es ihr kurz weg gesagt: Du kanst nicht mehr der Parther Königin seyn. Denn du bist meine verlohrne Tochter; und endlich nach ihrer Erklärung: Tochter gedenke mir nicht mehr an Cäsarn; Denn dadurch beschimpfest du den Cato, deinen Vater. Kurtz Briefe, Reden und andre solche Dinge müssen nicht schlecht weg die Erkenntniß selbst hervorbringen; sondern nur Gelegenheit geben, daß die Hauptpersonen dadurch auf die Erkenntniß gebracht werden.

Wie schlecht Cato, als die Hauptperson, dazu erwehlet sey, und wie wenig sein Charakter, mit den Lehren des Aristoteles und Horatz übereinstimme, kan man aus dem Briefwechsel von der Natur des poetischen Geschmaks auf der 103. S. sehen. Hieraus folgt dann zugleich, da Cato wegen seines stoischen Wesens sich nicht zu einer Hauptperson schicket, daß auch nicht ein rechtes Schrecken und Mitleiden in dieser Tragödie herrsche. Diese beiden Gemütsbewegungen müssen deswegen in dem Zuhörer erregt werden, daß er solche Thaten, als in der Tragödie vorgestellt werden, fürchten und scheuen

lerne. Wie oben gezeigt ist; so müssen diese allein von der
Hauptperson verrichtet seyn, und an der muß man auch sehn
wie elend und unglücklich ein solch Vergehen mache, und
wie groß die Schmerzen und die Verzweiflung sey, die sie darüber empfinde. Wann sie nun selbst nicht so beschaffen ist,
daß man über sie erschrecken und Mitleiden haben kan, weil
sie selbst kein Leid über ihr Unglück sehen läst; so fällt der Endzweck der Trauerspiele, so fallen die Mittel zugleich hin. Man
wird einwerfen; Man fühle aber doch ein Mitleiden, ja auch
Schrecken; wenn man den Cato lese? Es ist wahr; Aber eben
das ist der gröste Fehler: Was das Schrecken über seine Entleibung betrift; so verliert es alle Kraft, durch Catons Helden-
muth und wird zur Bewunderung. Das ist gerade umgekehrt.
Das Mitleiden aber entstehet blos über die Angst und Betrübniß seiner Kinder. Die sind Nebenpersonen, also ist es eitel,
fruchtlos, unregelmäßig, weil das erstere fehlet; sonst könte
es freilich wohl statt finden, wann es jenes zu vermehren dien-
te. Wie ganz anders hat doch Sophokles im Ödipus und Ajax,
die Regeln auszuüben, und den Gipfel der Kunst zu erreichen
gewust.

10   C. F. Brämer: Gründliche Untersuchung von dem wahren
Begriffe der Dichtkunst. (Danzig 1744)

Aus: Zweyter und dogmatischer Abschnitt I. Hauptstück. Von
Erdichtungen und ihrer Wahrscheinlichkeit. (S. 105–109)

§. 75. Wir verstehen hier durch die Erdichtung eine Vorstellung desjenigen, so im gegenwärtigen Zusammenhange der
Dinge nicht würklich vorhanden ist, als wenn es würklich
wäre: und dasjenige, was als würklich vorgestellet wird, da es
doch nicht würklich ist, heißt insoweit erdichtet. Wir gehen,
mit gutem Bedacht, von der Gewohnheit der neueren Kunstlehrer ab, welche mehrentheils die Wahrscheinlichkeit und moralische Absichten, ja wohl gar insbesondere die allegorische
Bedeutung in die Erklärung einer Erdichtung überhaupt bringen. Wir meinen unserer Pflicht eine Genüge zu leisten, wenn
wir den Begrif so einrichten, wie es sowohl der Gebrauch im
Reden, als die Beschaffenheit der Dichtkunst erfodert. Um den

Gebrauch und die gewöhnliche Bedeutung dieses Worts zu finden, darf man nur alle Erdichtungen ansehen, die in Wissenschaften, im gemeinen Leben und in Gedichten angetroffen werden. Nun nennet man es in Rechten eine Erdichtung, wenn man sich, beym Jure postliminii vorstellet, als wenn jemand nicht wäre gefangen gewesen, der doch in der That aus der Gefangenschaft zurückkommt, wenn man beym lege Cornelia annimmt, als wäre der Vater vor der Gefangenschaft gestorben, da doch solches erst hernach geschehen ist, etc. Man nennet es in der Mathematik dichten, wenn man sich zuweilen vorstellet, als wenn eine gewisse Linie gezogen, verlängert, getheilet wäre, da doch solches nicht ist. Man sagt, der Begrif einer moralischen Persohn gründe sich auf eine Erdichtung, weil man sich darinn ganze Gesellschaften, Staaten und Republiken als so viele einzele Personen im Stande der natürlichen Freyheit vorstellet. Und eben so findet man es bey allen übrigen Erdichtungen so in Wissenschaften vorkommen. Was die Erdichtungen der Poeten betrift, so weiß einjeder, daß sie deswegen so genannt werden, weil uns darinn etwas als wahr und würklich beschrieben und erzelet wird, was doch niemahls geschehen und vorhanden gewesen ist. Also haben denn überhaupt alle Erdichtungen dieses gemein, daß dadurch aus gewissen Absichten etwas so nicht ist vorgestellet, werde, als wenn es wäre; nur daß man hiebey bald auf die Möglichkeit, bald auf die Würklichkeit, bald auf eine gewisse Beschaffenheit der Sachen gehe. Da wir aber hier die Erdichtung so erklären müssen, wie es die Absicht der Dichtkunst erfodert, so müssen wir dabey auf die Würklichkeit sehen: wie alle Fabeln der Poeten solches zeigen. Indem wir die Erdichtung eine Vorstellung nennen, so verstehen wir dadurch sowohl die Vorstellung im Verstande, als die äussere Vorstellung durch Bilder und Worte. Wenn wir weiter hinzufügen, daß sie das nicht würkliche, als würklich, vorstelle, so wird dabey auf keine Zeit gesehen. Die Sache mag als vergangen, oder gegenwärtig, oder künftig vorgestellt werden, wenn ihr nur die Würklichkeit zugeschrieben wird.

§. 76. Alle Sachen, die man sich vorstellen kan, sind entweder so beschaffen, daß alles, woraus sie bestehen, zugleich und zusammen vorhanden ist; oder sie bestehen gleichsahm aus vielen Theilen, die alle auf einander folgen, und nicht zugleich und zusammen vorhanden sind. Alle diese Sachen, darinn man eine Reihe auf einander folgender Dinge wahrnimmt, oder bey welchen das, woraus sie bestehen, nur nach einander entsteht, pflegt man Begebenheiten zu nennen. Vor die andern ist noch kein besonderer Nahme im Gebrauch. Daß dieser Unterscheid und diese Benennung gegründet und gebräuchlich sey, kan man leicht durch Beyspiele sehen. Ein Felsen, ein Mensch, ein Hauß, Feld, Garten, etc. hat alles, was sein Wesen ausmacht, zugleich: aber niemand wird auch diese Dinge unter die Begebenheiten zählen. Ein Zweykampf hergegen, eine Reise, ein Meuchelmord, und überhaupt alle Handlungen der Menschen und Thiere, die Veränderungen und Bewegungen der Körper sind Dinge, bey denen man nicht alles das, woraus sie bestehen, zugleich antrift: aber was ist gewöhnlicher, als daß man diese Sachen Begebenheiten der Natur, der Menschen, etc. nennet?

§. 77. Nach diesem Unterscheide der Sachen müssen auch die Erdichtungen unterschieden seyn, nachdem sie dieser oder jener Art Sachen vorstellen (§. 75). Die Erdichtung einer Begebenheit, oder die Vorstellung einer erdichteten Begebenheit nennen wir eine Fabel: eine solche Erdichtung hergegen, die uns so etwas vorstellet, was alles, woraus es besteht, zugleich hat, wollen wir ein Dichtungsbild nennen. Bey Erklärung der Fabel gehen wir nicht im mindesten vom Gebrauch ab. Die Reise des Äneas nach Italien, wie sie Virgil beschribt, den Ursprung der Venus aus dem Meerschaum etc. zählet einjeder unter die Fabeln; aber die Venus, den Äneas, die Minerva etc. wird niemand leicht mit diesem Nahmen belegen. Wer siehet also nicht, daß die Gewohnheit dieses Wort bloß an erdichtete Begebenheiten gebunden habe? Selbst Aristoteles ist von dieser Bedeutung nicht abgegangen, als insoweit seine Absicht es erfodert hat. Denn da nach seiner Meinung bloß die wahrscheinliche Erdichtungen zur Poesie gehören, und er diese nur allein eine Nachahmung nennet (§. 30); da er weiter alle Nachahmung an Handlungen bindet (§. 25.) und keine andere Poesien setzet, als die auf die Handlungen und Begebenheiten der Götter und Menschen gehen (§. 20. 21): so hat er freylich in seiner Poetik die Fabel nicht anders erklären können, als durch die Nachahmung einer Handlung. Wenn aber einige neuere sie erklären, daß sie eine unter gewissen Umständen mögliche Begebenheit, eine unter der Allegorie einer Handlung versteckte Lehre etc. sey: so siehet man leicht, daß sie nicht auf eine Fabel überhaupt sehen, und daß sie vieles in die Erklärung bringen, so ausser derselben zu beweisen ist. Was die Dichtungsbilder anlanget, so ist diese Benennung freylich in diesem Verstande neu und ungewöhnlich. Da aber die Sache an sich selbst gegründet ist, und kein besonderer Nahme dazu im Gebrauch ist: so muß man uns erlauben, einen nach Gutdünken zu wehlen. Im übrigen ist ohne weitläuftigen Beweis klar, daß alle Erdichtungen entweder zu den Dichtungsbildern, oder zu den Fabeln gehören; weil Begebenheiten und zugleich vorhandene Dinge (§. 76), und also auch Dichtungsbilder und Fabeln sich einander so entgegen gesetzet sind, daß keine dritte Gattung statt haben könne.

Aus: Zweyter und dogmatischer Abschnit. III. Hauptstück. Von dem Endzwecke der Poesie. (S. 171–174)

§. 123. Man muß der Poesie denjenigen Endzweck setzen, der einem Dichter am gemässesten ist (§. 115). Soll er diesem am gemässesten seyn; so muß er durch dasjenige, was derselbe braucht seine Absicht zu erreichen, am allerfüglichsten können erreichet werden. Ist nun die Erdichtung dieses; so muß es derjenige Endzweck seyn, der besser dadurch, als auf eine andere Art, kan erlanget werden. Dieses hält zweyerley in sich: 1) daß der gesetzte Endzweck durch die Erdichtung erreichet werden könne, 2) daß er dadurch besser, wie auf eine andere Art, könne erreichet werden. Da wir also die Absichten haben, so hier in Betrachtung kommen: so müssen wir erstlich die Fähigkeit der Erdichtung dagegen halten, und sehen, wie weit sich selbige erstrecke, und was dadurch könne ausgerichtet werden.

§. 124. Alle Erdichtungen sind entweder Dichtungsbilder oder Fabeln (§. 77); und diese letztere theilen sich in erzehlende und dramatische Fabeln ein (§. 81). Ein Dichtungsbild kan nun erstlich bedeutend oder hieroglyphisch seyn. Denn es stellet eine Sache vor, die alles, woraus sie besteht, zugleich hat, und dieses ist zwar was erdichtetes (§. 77); folglich aus izugleich bestehenden Theilen, nach eigenem Gefallen, zusammen gesetzet. (§. 75). Kan man also ein solches Dichtungsbild aus solchen Theilen, und auf solche Art, zusammen setzen, daß es, wegen einiger Ähnlichkeit, eine andere Sache anzeiget; und bestehet hierinn die hieroglyphische Bedeutung (Wolf. Ps. emp. §. 151): so wird wohl niemand läugnen, daß ein Dichtungsbild könne bedeutend und hieroglyphisch seyn. Und wem sind die Dichtungsbilder unbekannt, wodurch man die Gerechtigkeit, die Hofnung, die Klugheit, etc. vorzustellen gewohnt ist?

§. 125. Ein Dichtungsbild kan weiter ein klares Exempel von einer gewissen Gattung abgeben. Eine besondere Sache, so zur Erkenntnis und Erläuterung einer ganzen Art oder Gattung dienet, nennet man ein Exempel. Da nun in einer jeden Erdichtung (§. 75), und folglich auch in einem Dichtungsbilde (§. 77) die Sache, als würklich, und also als ein besonderes Ding vorgestellet wird; da man, wie schon gesagt, ein solch Dichtungsbild nach eigenem Gefallen zusammen setzen kan: so kan es freylich so eingerichtet werden, daß es ein Exempel wovon abgiebt. Dieses zeigen auch die würklich erdichteten Charaktere unserer Moralisten. Wenn z. E. die Tadlerinnen einen Narcissus, eine Gassenfama, eine Geilartin u. s. f. abschildern, so sind dieses erdichtete Personen, die aber die ganze Beschaffenheit gewisser Laster an sich zeigen.

§. 126. Eine erzehlende Fabel kan ebenfals bedeutend und hieroglyphisch syen. Sie bestehet in der Erzehlung einer erdichteten Begebenheit (§. 77. 81), und also auf einander folgender Veränderungen gewisser Subjekte (§. 76. 78), und zwar solcher, die nach Gefallen erdacht und zusammen gesetzt werden (§. 75). Ist es nun möglich, wie niemand läugnen wird, solche Subjekte zu wehlen, und ihnen solche Veränderungen und in solcher Ordnung zuzueignen, daß dadurch, wegen einer Ähnlichkeit, ganz andere Sachen angezeigt werden: so geht es auch an, daß solche Fabel bedeutend sey (§. 124): man mag solches nun hieroglyphisch, oder allegorisch, oder mystisch, oder parabolisch nennen. Wer hievon würkliche Beyspiele sehen will; der lese im Spektator die allegorische Träume vom Credit eines Volks, von den Wegen des Heyls und des Verderbens, das Gesicht des Mirza vom menschlichen Leben, die Geschichte vom Verdruß und Vergnügen, in den Tadlerinnen den bedeutenden Traum von der Lästerung, im Patrioten die

Träume vom Fluß der Zeit, von den Wegen der Tugend und des Lasters u. s. f.

§. 127. Eine erzehlende Fabel kan uns ein geschicktes Exempel liefern, wodurch eine Sache oder Warheit recht empfindlich gemacht wird. Dieses kan auf eben die Art, wie von Dichtungsbildern (§. 125.) erwiesen werden; weil erzehlende Fabeln erdichtete (§. 77. 81.), und also einzele Begebenheiten vorstellen, und zwar selbige nach Gefallen einrichten (§. 75). Exempel hievon liegen auch am Tage. So stellen uns die Tadlerinnen in der Geschichte der Ämilia ein klares Exempel einer Heuchlerinn vor Augen: und in der aus dem Spektator übersetzten Geschichte der Amanda geben sie uns ein schönes Beyspiel der belohnten Beständigkeit im Unglück. In dem Patrioten lesen wir eine Geschichte von den alten Trogloditen, welche aus dem französischen übersetzet ist, und die Nothwendigkeit des gesellschaftlichen Lebens recht handgreiflich machet, indem sie uns zeigt, mit was vor unvermeidlichen Unordnungen und Unglücksfällen das Gegentheil verbunden ist. Die besten Heldengedichte geben ebenfals Beyspiele von dieser Sache ab.

---

§. 140. Nunmehr ist es leicht, den Endzweck festzusetzen. Wir haben gesehen, daß, wenn man die Erdichtung als das einzige und wesentliche Mittel der Poesie setzet, man ihr keinen anderen Endzweck zueignen könne, als der dadurch kan erreicht werden, und zwar füglicher, wie auf eine andere Art (§. 123). Nun haben wir weiter gesehen, daß man durch Erdichtungen sowohl seine Gedanken mittheilen und belehren, als auch überreden könne (§. 135). Wir haben endlich auch gezeiget, daß beydes nicht füglicher, als durch Erdichtungen erreicht werden könne, wenn solches unvermerkt geschehen soll (§. 136. 137. 138). Wir können also mit Grunde sagen: Besteht eine Poesie in Erdichtungen; so kan man der Dichtkunst keinen anderen Endzweck zueignen, als die unvermerkte Belehrung und Überredung.

§. 141. Man wird vielleicht nicht zufrieden seyn, daß wir der Belustigung der Leser oder Zuhörer nicht mit mehreren gedacht haben. Wir schliessen selbige aber deswegen nicht aus. Vielmehr, da es niemand läugnen wird, haben wir es ohne Beweiß zum Grunde gesetzt, daß man sich in allen diesen Fällen solcher Erdichtungen bedienen müsse, die angenehm und die Neugierde zu reizen fähig sind. Daß wir aber, ausser dem Vergnügen, keinen weiteren Nuzen suchen solten, verbiethet uns das Recht der Natur, welchem der Endzweck gemäß seyn soll (§. 116). Macht gleich ein unschuldiges Vergnügen einen Theil unserer Glückseeligkeit aus; so kan man doch, nach dem Jure Naturae perfectiuo, bey der blossen Belustigung nicht stehen bleiben, wenn man dabey grössere Vortheile zu erlangen fähig ist. Glaubt man also, daß wir hier verbunden sind, den Endzweck der Poesie in seiner Vollkommenheit darzustellen, so wird man unser Verfahren nicht tadeln.

-----

§. 144. Bedeutende und allegorische Erdichtungen können wahrscheinlich, auch unwahrscheinlich seyn. Entweder man giebt vor, eine würkliche Sache und Begebenheit zu erzehlen, oder man verspricht nur, eine artige Erdichtung zu liefern. Giebt man es selber vor nichts wahres aus, so nimmt der Zuhörer und Leser es auch nicht vor wahr und würklich an, es mag solches gleich nicht den geringsten scheinbahren Wiederspruch oder Ungrund enthalten. Demnach siehet man deutlich, daß hier alle Wahrscheinlichkeit unnüz sey, und also ohne Grund erfodert werde (§. 82). Giebt man aber die Sache vor wahr aus, so muß sie auch wahrscheinlich seyn. Denn ist sie unwahrscheinlich, und kan sie also der Leser oder Zuhörer nicht vor was würkliches annehmen; so muß er nothwendig merken, daß man ihn hintergehen will. Und hier handelt man also wieder seinen Zweck: und es ist in der That eben soviel, als wenn man alles ohne Decke frey heraussagte. Ich seze aber hiebey zum Grunde, daß keins von beyden ohne Ursache geschehe, und daß man die Sache weder vor wahr, noch vor erdichtet ausgebe, wenn die Absicht das Gegentheil erfodert. Bedeutende Erdichtungen müssen demnach wahrscheinlich seyn, wenn sie würkliche Geschichte vorstellen sollen; wenn aber dieses nicht ist, so können sie auch unwahrscheinlich seyn.

11 GEORG FRIEDRICH MEIER: Anfangsgründe aller schönen Wissenschaften, I. Theil, 1. Abschnitt. Von den Schönheiten der sinlichen Erkentnis überhaupt. (Halle 1748, S. 38–61)

§. 23. Daß die Schönheit überhaupt eine Volkommenheit sey, in so ferne sie undeutlich oder sinlich erkant wird, ist, unter allen gründlichen Kennern der Schönheit, heute zu Tage eine so ausgemachte Sache, daß es unnöthig zu seyn scheint, davon einen weitläuftigen Beweis zu führen. Man nehme alle diejenigen Sachen, die man für schön zu halten pflegt, zum Beyspiele an. Es wird nicht nur gar leicht erhellen, daß ihre Schönheit in einer Volkommenheit bestehe, sondern daß dieselbe auch augenblicklich verschwinde, so bald man die Volkommenheit deutlich erkent, ob gleich diese Volkommenheit unverändert fortdaurt. Die Wangen einer schönen Person, auf welchen die Rosen mit einer jugendlichen Pracht blühen, sind schön, so lange man sie mit blossen Augen betrachtet. Man beschaue sie aber durch ein Vergrösserungsglas. Wo wird die Schönheit geblieben seyn? Man wird es kaum glauben, daß eine eckelhafte Fläche, die mit einem groben Gewebe überzogen ist, die voller Berge und Thäler ist, deren Schweislöcher mit Unreinigkeit angefült sind, und welche über und über mit Haren bewachsen ist, der Sitz desjenigen Liebreitzes sey, der die Herzen verwundet. Und woher entsteht diese unangenehme Verwandelung? Ist es nicht augenscheinlich, daß die ganze Veränderung in unserer Vorstellung sich zugetragen, indem die undeutliche Vorstellung, durch Hülfe der Vergrösserungsgläser, diesen Zerstörern der Schönheit, in eine deutliche verwandelt worden? Es ist wahr, wir halten ofte für schön, was doch in der That unvolkommen ist; allein dadurch wird die Erklärung der Schönheit nicht über den Haufen geworfen. Es kan daraus nichts weiter geschlossen werden, als daß es wahre und scheinbare Schönheiten gebe, und daß wir uns niemals leichter betrügen können, als wenn wir etwas für schön halten. Wenn wir, um unserer Irthümer willen, die Begriffe für falsch halten wolten, so würde kein eintziger Begriff wahr bleiben.

§. 24. Wenn viele Dinge den hinreichenden Grund von einem enthalten, so stimmen sie mit einander überein, und diese Übereinstimmung nent man die Volkommenheit. Da nun die Schönheit eine Volkommenheit ist, in so ferne sie undeutlich erkant wird §. 23. so werden zu einer jedweden Schönheit vier Stücke erfordert. 1) Müssen verschiedene Dinge angetroffen werden, oder es mus eine Mannigfaltigkeit in einem Dinge vorhanden seyn. Man kan dieselbe jederzeit, als Theile eines Ganzen, betrachten. Folglich je mehrere derselben sind, und je grösser ein jeder derselben für sich betrachtet ist, desto grösser ist die Schönheit. 2) Muß etwas da seyn, welches man eins, den Brenpunct oder den Bestimmungsgrund der Schönheit nent. Man kan in der Ästhetik ohne Irthum behaupten, daß dieser Brenpunct ein Zweck sey. Je grösser also dieser Zweck ist, folglich aus je mehrern und grössern Theilen er zusammengesetzt ist, desto grösser ist die Schönheit. 3) Müssen die verschiedene Dinge, den hinreichenden Grund von diesem Zwecke, enthalten. Gleichwie eine unendliche Anzal von Lichtstralen auf einem Brenspiegel fallen, durch denselben gebrochen, und dergestalt zu einander gebeugt werden, das sie in einen Punct zusammenfliessen, und eben dadurch den durchdringenden Glantz dieses Puncts verursachen; also müssen auch, die verschiedenen Dinge, das mannigfaltige in einer Schönheit die hinreichenden Gründe eines Zwecks seyn. Je mehr sie demnach den hinreichenden Grund enthalten, desto grösser ist die Schönheit. Wenn ein Brenspiegel nicht gehörig geschliffen ist, so wird der Brenpunct nicht feurig und glänzend genug werden, weil er nicht alle Lichtstralen dichte genug zusammenpreßt. Und eben so verhält es sich auch bey der Schönheit, wenn das mannigfaltige nicht in einem hohen Grade übereinstimt. 4) Müssen, alle die vorhergehenden Stücke, nur undeutlich erkant werden. Je grösser diese Erkentnis ist, desto grösser wird auch dadurch die Schönheit, in den Augen desjenigen, der sie dergestalt erkent. Wenn eine Volkommenheit durch den Verstand erkant wird, so unterscheidet man die mit einander übereinstimmenden Dinge von einander und von ihrem Brenpuncte, ja man erkent klar, was ein jedwedes von ihnen beytrage, um das eins, den Zweck, hervorzubringen. Allein bey einer Schönheit stelt man sich alles dieses mit einem male und nur im Ganzen vor, ohne eins von dem andern zu unterscheiden. Und durch diese Betrachtung kan man die Schönheiten von denjenigen Volkommenheiten unterscheiden, welche die Gegenstände des Verstandes und der Vernunft sind.

§. 25. Wenn man die Erklärung der Schönheit, die ich §. 23. vorgetragen habe, zugibt, so mus man auch zugestehen, daß die Häslichkeit, als das Gegentheil der Schönheit, eine Unvolkommenheit sey, in so ferne sie undeutlich oder sinlich erkant wird. Da nun die Unvolkommenheit darin besteht, wenn die verschiedenen Theile eines Ganzen nicht mit einander übereinstimmen, so entsteht die Häslichkeit durch den Mangel der Übereinstimmung, in so fern er undeutlich erkant wird. Verschiedene Dinge können, auf eine doppelte Art, untereinander, wenn es so zu reden erlaubt ist, mishellig seyn. Einmal, wenn einige derselben den Grund von einem Zwecke enthalten, und die übrigen von dem Gegentheile desselben. Zum andern, wenn die übrigen nur blos keinen Grund dieses Zwecks enthalten, ohne den Grund zum Gegentheile desselben zu enthalten. Ein Beyspiel von dem letzten kan eine überaus schöne Zwischenfabel seyn, die aber zum Plane eines Heldengedichts nicht nothwendig gehört. Von dem ersten aber eine Erdichtung, wodurch die Auflösung des Knotens unwahrscheinlich wird. Folglich je mehrere und grössere Theile eines Ganzen mit den übrigen nicht übereinstimmen, je stärckere Gründe zum Gegentheile des Zwecks sie enthalten, und je stärcker alles dieses silich erkant wird, desto grösser ist die Häslichkeit. Wenn der Verstand eine Unvolkommenheit einsieht, so kan man alles, was zur Unvolkommenheit gehört, von einander unterscheiden. Bey einer Häßlichkeit aber ist man dieses zu thun nicht vermögend.

§. 26. Aus den bisherigen Betrachtungen lassen sich zwey Sätze herleiten, die überaus widersinnisch zu seyn scheinen. 1) Einige wahre Volkommenheiten sind wahre Häslichkeiten, und dieses kan man auch umgekehrt sagen. Es kan ja niemanden unbekant seyn, daß einige Volkommheiten so verborgen und klein seyn können, daß wir sie zwar mit dem Verstande erreichen, aber mit den sinlichen Kräften der Seele nicht gewahr werden können. Folglich fehlt einigen Volkommenheiten alle Schönheit. Da nun der Mangel der Schönheit eine Häslichkeit ist §. 25. so kan eine wahre Volkommenheit eine Häslichkeit seyn. Eine abstracte logische Erklärung ist eine wahre Volkommenheit, sie würde aber, in einem Gedichte, eine ungemeine Häßlichkeit verursachen. Daher komt es, daß eine wahre Tugend, wenn sie nicht zugleich mit demjenigen prächtigen Schmucke ausgeziert ist, der in die Sinne fält, jederzeit eine Häslichkeit verursacht. Wem dieser Satz nicht gefält, der kan ihn meinetwegen so ausdrucken; einigen Volkommenheiten fehlt es an alle demjenigen, was zu einer wahren Schönheit erfordert wird. 2) Einige wahre Unvolkommenheiten sind wahre Schönheiten, und umgekehrt. Eine Unvolkommenheit kan so verborgen und klein seyn, daß sie nur von dem Verstande entdekt werden kan: Betrachtet man sie also mit den untern Kräften der Seele, so wird man sie gar nicht gewahr. Es ist demnach möglich, daß man alsdenn eine Schönheit erblikt. Der Mangel der tiefsinnigen Deutlichkeit in den Begriffen ist eine wahre Unvolkommenheit, alle Dichter aber wissen, daß solche unvolkomme Begriffe wahrhaftig schön seyn können. Wem dieses nicht gefält, der sage: daß eine wahrhaftig unvolkommene Sache demohnerachtet, eine Übereinstimmung ihrer Theile, besitzen könne, welche die Schönheit verursacht. Ausser dem mus ich noch anmercken, daß es Sachen genug gibt, welche weder schön noch häslich sind, ob sie gleich nothwendiger weise entweder volkommen oder unvolkommen, oder beydes zugleich in verschiedener Absicht seyn müssen.

§. 27. Wir wollen nunmehr, die Anwendung dieser algemeinen Begriffe, auf die Erkentnis machen. Man mag nun sagen, daß wir etwas erkennen, wenn wir eine Vorstellung desselben in uns würcklich machen, oder daß die Erkentnis in einem Inbegriffe der Vorstellungen und Begriffe bestehe, so kan uns dieses in der Ästhetik gleichviel gelten, und wir können, ohne einen mercklichen Irthum zu besorgen, die Wörter, Vorstellungen, Begriffe und Erkentnis ohne Unterschied brauchen. Aus der Vernunftlehre ist bekant, daß alle unsere Erkentnis entweder deutlich oder undeutlich ist. Die erste besteht darin, wenn wir in einem Begriffe einige Merkmale und Theile desselben dergestalt erkennen, daß wir uns derselben bewußt sind, oder ihren Unterschied von einander einsehen, dergleichen der Begrif von der Ästhetik ist, wenn ich sage, sie sey eine Wissenschaft der schönen Erkentnis. Die undeutliche Erkentnis ist entweder gantz dunckel, wenn wir uns derselben gar nicht bewust sind; oder verworren, wenn wir uns zwar derselben im Gantzen bewust sind, aber nichts in ihr selbst von einander unterscheiden, dergleichen die Begriffe von den verschiedenen Farben zu seyn pflegen. Diese Erkentnis heist eine sinliche Erkentniß (cognitio sensitiua) nicht etwan, weil sie gantz allein von den Sinnen gewürckt wird, obgleich die Empfindungen und Vorstellungen der Sinne nicht ausgeschlossen sind; sondern, weil sie in den Sinnen einen nähern Grund als die deutliche Erkentnis hat, und ohne dieselbe gar nicht stat finden kan. Es ist ohne mein Erinnern klar, daß eine Erkentnis dunkel, verworren und deutlich zu gleicher Zeit seyn könne, obgleich in verschiedener Absicht.

§. 28. Die ganze sinliche Erkentnis wird von uns undeutlich erkant §. 27. Folglich müssen alle Volkommenheiten derselben, in so ferne sie eine sinliche Erkentnis ist, solche Volkommenheiten seyn, die undeutlich erkant werden. Dergleichen Volkommenheiten nent man aber Schönheiten §. 23. Folglich besteht, die Schönheit der Erkentnis, in derjenigen Übereinstimmung des mannigfaltigen in derselben, welche sinlich erkant werden kan; und eine Erkentnis ist schön, in so fern sie mit dergleichen Schönheiten ausgeziert ist. Herr Haller sagt in seinem Gedichte, worin er die Alpen beschreibt, in der 36 Strophe

> Hier zeigt ein steiler Berg die Mauer – gleichen Spitzen,
> Ein Wald – Strom eilt dadurch, und stürzet Fall auf Fall.
> Der dick beschäumte Fluß dringt durch der Felsen Ritzen.
> Und schießt mit gäher Kraft weit über ihren Wall.
> Das dünne Wasser theilt des tiefen Falles Eile,
> In der verdickten Luft schwebt ein bewegtes Grau.
> Ein Regenbogen strahlt durch die gestäubten Theile,
> Und das entfernte Thal trinckt ein beständig Thau.
> Ein Fremder sieht erstaunt im Himmel Ströme fliessen,
> Die aus den Wolken gehn, und sich in Wolcken giessen.

Wer hier nicht gewahr wird, daß, in diesem ganzen Gemälde, eine unendliche Menge sinlicher Vorstellungen auf die volkommenste Art mit einander übereinstimmen, ein malerisches und wunderbares Bild von den Strömen, die von den Alpen herunter stürzten, in den Gemüthern der Leser zu erwecken, der ist nicht vermögend, das schöne in der Erkentnis zu fühlen.

§. 29. Alle Unvolkommenheiten der sinlichen Erkentnis, in so ferne sie eine solche ist, werden von uns undeutlich erkant §. 27. Dergleichen sinlich erkante Unvolkommenheiten heissen Häßlichkeiten §. 25. Folglich besteht die Häßlichkeit der Erkentnis, in dem Mangel oder in dem Gegentheile der Schönheiten derselben, in so ferne man diesen Mangel und dieses Gegentheil auf eine sinliche Art gewahr wird; und eine jede Erkentnis ist häßlich, in so fern sie durch dergleichen Häßlichkeiten verunstellet ist. Ich werde, in diesem ganzen Werke, Gelegenheit genug haben, solche Beyspiele anzuführen, welche diese Häßlichkeiten erläutern sollen, daß ich nicht nöthig habe, hier ein weitläuftiges Beyspiel anzuführen. Unterdessen kan hier die bekante Grabschrift, die zu Hans Sachsens Lobe verfertiget worden, zu einem kleinen Beyspiele einer häßlichen Erkentnis dienen:

> Hans Sachse war ein Schu-
> Macher, und ein Poet dazu.

Ein jeder mus ohne mein Erinnern gewahr werden, daß hier so wenige Mannigfaltigkeit der Gedanken angetroffen werde, daß man nicht einmal einen begreiflichen Zweck anführen kan, warum der Satz: Hans Sachse war ein Schuster und Poete, in ein Sylbenmas gezwungen worden.

§. 30. Wenn man eine Vorstellung vor sich betrachtet, ohne sie als eine Würkung der Erkentniskräfte anzusehen, so kan man nur auf zwey Stücke überhaupt sein Augenmerk richten: auf den Gegenstand und die Beschaffenheit derselben, das ist, auf die Art und Weise, wie der Gegenstand vorgestelt wird. Folglich sind nur zwey Arten der Schönheiten, in der Erkentnis überhaupt betrachtet, möglich. Die erste entsteht zunächst aus dem Gegegenstande, und die andere aus der Art und Weise der Erkentnis. Zu jener mus man den Reichthum, und die Grösse der Erkentnis rechnen, weil eine Erkentnis um so viel grösser ist, ie mehrere und grössere Dinge vorgestelt werden. Wir wollen von der ersten zuerst handeln. Man setze zwey Vorstellungen. Die eine soll uns drey Dinge, und die andere sechse mit einemmale vorstellen, und zwar dergestalt, daß diese Gegenstände unter einander gleich sind. Weil die Vorstellungen Abdrucke und Bilder der Sachen in der Seele sind, so müssen in einer jeden Vorstellung, so viele einzelne Bilder als Theile derselben angetroffen werden, so viele Theile des Gegenstandes vorgestellet werden. Es ist demnach klar, daß eine Vorstellung, die uns weniger mit einemmale vorstelt, nicht so viele Theile, und folglich nicht eine so grosse Mannigfaltigkeit besitze, als eine andere, die uns mehr mit einemmale vorstelt. Da nun die Menge und Mannigfaltigkeit der Theile, die Volkommenheit des Ganzen vermehrt §. 24. so ist eine Vorstellung um so viel volkommener, ie mehrere Sachen sie uns mit einemmale vorstelt. So bald diese Volkommenheit so gros wird, daß wir, auf eine sinliche Art, die Mannigfaltigkeit und Menge der Gegenstände gewahr werden, so bald wird sie eine Schönheit der Erkentnis §. 28. und da bekomt sie den Namen des aesthetischen Reichthums (ubertas, copia, diuitiae aestehticae.) Ist diese grosse und merkliche Mannigfaltigkeit entweder gar nicht vorhanden, oder ist sie doch nur dergestalt beschaffen, daß sie blos durch die deutliche Erkentnis entdeckt werden kan, so ist die Erkentnis arm, und es entsteht daher diejenige Häßlichkeit §. 29. welche man die aesthetische Armuth der Gedanken nent. (paupertas aesthetica) Jederman weis, daß, wenn sonst alles seine Richtigkeit hat, eine Musik unendliche mal schöner ist, wenn viele Instrumente von verschiedener Art zugleich gespielt werden, und in einem Stücke von einem jeden Spieler sehr viele Noten gegriffen werden, als wenn ein einziger, auf einem einzigen Instrumente, nur blos die Hauptnoten eines Schülerstücks spielt. Es ist ohne mein Erinnern klar, daß die erste Musik unendliche mal reicher an Tönen sey als die letzte. Die guten Dichter wissen so gut, daß dieser Reichthum eine Schönheit sey, daß sie, mit einer Art der Freygebigkeit, ihre Bilder damit auszuschmücken suchen. Es fält mir hier eine vortrefliche Beschreibung eines Pferdes ein, die, ausser andern Schönheiten, sehr reich an Gedanken ist. Sie ist von Gott selbst gemacht, und steht Hiob 39, 19–25. Kanst du dem Rosse Kräfte geben, oder seinen Hals zieren mit seinem Geschrey? Kanst du es schrecken, wie die Heuschrecken? Das ist Preiß seiner Nasen, was schrecklich ist. Es strampfet auf dem Boden, und ist freudig mit Kraft, und zeucht aus dem Geharnischten entgegen. Es spottet der Furcht, und erschricket nicht, und fleucht vor dem Schwerdt nicht; wenn gleich wider es klinget der Köcher, und glänzet beyde Spies und Lanzen. Es zittert und tobet, und scharret in die Erde, und achtet nicht der Trommeten Hall. Wenn die Trommete fast klinget, spricht es: Hui; und reucht den Streit von ferne, das Schreyen der Fürsten und Jauchzen. Man kan dieses reiche Bild allen denjenigen vorziehen, die vom Virgil und andern Poeten von diesem edeln Thiere gezeichnet worden, und es sieht ein jeder, daß die Schönheit desselben unter andern daher rühre, weil so viel Mannigfaltiges, in dem Begriffe von einem Pferde, enthalten ist. Wolte ich von einem Pferde nichts weiter sagen, als daß es ein muntres Roß sey, so ist augenscheinlich, daß diesem Begriffe der Reichthum mangelt. Der Reichthum einer Vorstellung dehnt dieselbe ungemein aus, und gibt unserm Gesichte eine Aussicht, die sich über tausend Gegenstände ausbreitet.

§. 31. Die andere Schönheit der Erkentnis, welche aus ihrem Gegenstande entsteht, besteht in der Grösse derselben. Die Grösse besteht überhaupt in der Menge der Theile. Folglich mus ein Begrif, der uns eine grosse Sache vorstelt, und zwar dergestalt, daß wir durch denselben die Grösse derselben gewahr werden, sehr viele Theile und eine grosse Mannigfaltigkeit enthalten. Durch die Menge der Theile wird die Volkommenheit vermehrt §. 24. Folglich je grösser die Sachen sind, die wir uns vorstellen, desto volkommener ist die Vorstellung. So bald wir also die Grösse einer Sache, auf eine undeutliche Art, gewahr werden, so bald entsteht diejenige Schönheit, welche wir die aesthetische Grösse (magnitudo aesthetica) nennen. Durch den Mangel dieser Schönheit wird eine Vorstellung klein, und alsdenn ist sie häßlich. Herr Lange hat, in den Siegen Friedrichs, ein solches grosses Bild von der Pallas gegeben:

> Schnell druckt sie unter das belorberte Eisen
> Des blanken Helms die göttlich glänzenden Haare,
> Und zwang den zarten Leib im schuppigen Panzer.
> > Die mänliche Faust,
> Ergrif die grosse Last des wichtigen Schildes,
> Der beyder Pole grosse Weite bedecket,
> Und ihre Rechte schwung die zitternde Stange,
> > des schrecklichen Speers.
> Sie warf sich durch den Raum unzähliger Sonnen,
> Den Flug bezeichnete der farbige Bogen.
> Die Pole donnerten. Das Eisen des Spiesses
> > durchblitzte den Raum.

Der Dichter hat hier die allergrösten Dinge aus dem ganzen Umfange der Schöpfung erwählt, um einer Gottheit einen anständigen Auftrit zu verschaffen, und er hat dadurch ein so grosses Bild gezeichnet, welches gleichsam den ganzen Raum in der Seele ausfült. Nun stelle man sich den Käyser in Lilliput vor, welchen Gulliver mit Wagen und Pferden auf seine Hand gesetzt, so wird man augenscheinlich sehen, daß die Grösse der Gegenstände einer Vorstellung eine wahrhafte Schönheit zu geben im Stande ist. Ich erkläre hier nur die Schönheiten überhaupt, und ich werde in dem folgenden alles dasjenige sagen, was zu einer ausführlichen und genauern Berurtheilung derselben nöthig ist.

§. 32. Wenn man auf die Art und Weise sieht, wie man sich die Gegenstände vorstelt, so ist die erste Volkommenheit der Erkentnis, welche man mit Recht die Grundvolkommenheit nennen kan, die Wahrheit derselben. Eine falsche Vorstellung enthält einen Widerspruch. Folglich widersprechen sich die Theile derselben entweder untereinander, oder sie widersprechen dem Gegenstande, oder sie thun beydes zu gleicher Zeit. Durch diesen Widerspruch entsteht ein solcher Streit in der Erkentnis, daß sich die Theile derselben entweder einander dergestalt aufreiben, daß gar nichts zurücke bleibt; oder daß sie doch ganz was anders abbilden, als was man sich vorstellen wil. Eine solche Vorstellung ist von der Volkommenheit so weit entfernt, daß sie, weil sie gar nichts ist, nicht die allergeringste Übereinstimmung des Mannigfaltigen besitzen kan; oder daß sie wenigstens gar kein Bild des Gegenstandes, und noch vielweniger ein volkommenes Bild desselben enthalten kan §. 24. Folglich mus eine jede volkommene Vorstellung wahr seyn. Die Wahrheit, in so ferne sie undeutlich und zugleich schön erkant wird, ist also eine Schönheit der Erkentnis, welche die aesthetische Wahrheit genennet wird, (veritas aesthetica.) So bald man in einem Gedanken, durch die sinliche Erkentnis, einen Widerspruch und eine Ungereimtheit entdeckt, so bald verwerfen wir denselben als etwas abgeschmacktes. Es ist mir ein Gemälde bekant, auf welchem der Maler, die Historie von der Opferung Isaacs, abgeschildert hat. Nach seiner abgeschmackten Einbildungskraft hat er den Isaac, auf einem Altare gebunden, vorgestelt. Abraham steht etwas entfernt, und hält eine Flinte, mit welcher er nach dem Isaac zielt. Über dem Abraham ist ein Engel gemalt, welcher sein Wasser auf die Pfanne abschlägt, und dadurch verursacht, daß die Flinte versagt. Gesetzt nun, der Maler hätte alle diese ungehirnten Vorstellungen aufs schönste geschildert, wer würde wol ohne Lachen und Abscheu dieses Gemälde ansehen? Und fehlt wohl diesem Bilde etwas anders, als die Wahrheit? Kan nicht ein jeder, ohne den Verstand anzugreifen, erkennen, daß dieses Bild ungehirnt sey?

§. 33. Wir nennen ein Vorstellung klar, wenn wir uns derselben bewußt sind, oder wenn wir ihren Unterschied von andern zugleich erkennen. Dieser Unterschied beruhet jederzeit auf den Merkmalen oder Theilen einer Vorstellung, welche zusammen genommen, denienigen hinreichenden Grund des Bewußtseyns enthalten, der in den Vorstellungen selbst enthalten ist. Eine Vorstellung, welcher wir uns nicht bewußt sind, ist dunckel. Die dunckele Vorstellung enthält demnach nicht Merkmale genug, welche das Bewußtseyn verursachen könten. Wer sieht also nicht, daß in einer Vorstellung, wenn sie klar ist, nicht nur mehr Mannigfaltigkeit anzutreffen ist, als in einer dunkeln; sondern auch eine grössere Übereinstimmung, wenn sie beyde im übrigen einander gleich sind. In der klaren Vorstellung sind mehr Merkmale, welche zum Bewußtseyn stärcker übereinstimmen, als in einer dunkeln; folglich ist die Klarheit eine Volkommenheit der Vorstellungen, und in so fern sie undeutlich ist, eine Schönheit §. 24 Je klärer also eine Vorstellung ist, desto volkommener ist sie. Die Klarheit kan auf eine doppelte Art zunehmen. Einmal, wenn die Merkmale zwar nicht der Anzal nach vermehrt werden, doch aber der Klarheit nach, dergestalt, daß in diesen Merkmalen immer neue Merkmale, und in diesen wiederum andere entdeckt werden. Und hieher gehören die deutlichen, volständigen, ausführlichen und bestimten Begriffe, so wie sie in der Vernunftlehre vorgetragen werden. Dieser Grad der Klarheit (claritas intensive major) wenn er bis zur Deutlichkeit, und über den ersten Grad derselben, steigt, ist eine Würkung des Verstandes, und in so fern zwar eine grosse Volkommenheit, aber keine Schönheit der Vorstellung. Es kan aber, zum andern, die Klarheit noch auf eine andere Art vermehrt werden, wenn die

Merkmale einer Vorstellung zwar nicht klärer werden, ihre Anzal aber vermehrt wird, und dieses kan man die Ausdehnung oder Ausbreitung der Klarheit nennen (claritas extensive major) Ein Begrif, welcher auf diese Art klar, und dabey undeutlich ist, ist lebhaft. Folglich ist die Lebhaftigkeit der Vorstellungen (vividitas repraesentationis) eine Schönheit §. 23. Virgil ist ein Meister in dergleichen Vorstellungen. Seine Vorstellungen sind so vol Lebhaftigkeit, daß sie aufs prächtigste glänzen. Als er, in dem ersten Buch der Aeneis, beschreibt, wie Venus dem Aeneas auf den africanischen Küsten begegnet, und eine Unterredung mit ihm hält, ohne sich im Anfange zu erkennen zu geben, so beschreibt er, wie sie sich nach geendigtem Gespräche ihrem Sohne kenbar gemacht:

> et avertens rosea ceruice revulsit,
> Ambrosiaeque Comae divinum vertice odorem
> Spiravere, pedes vestis defluxit ad imos,
> Et vera incessu patuit dea.

Der rosenfarbene Hals, welcher geglänzt, und die Haare, welche gleichsam ganz von Ambrosia zusammengesetzt, und einen göttlichen Geruch von sich gehaucht, sind unter andern die lebhaftesten Vorstellungen, welche in dieser Beschreibung vorkommen.

> Bald wenn der trübe Herbst die falben Blätter pflücket,
> Und sich die kühle Luft in graue Nebel hült:
> So wird der Erde Schooß mit neuer Zier geschmücket,
> An Pracht und Blumen arm, mit Nutzen angefült.
> Des Frühlings Augen-Lust weicht größerem Vergnügen,
> Die Früchte funkeln da, wo vor die Blüthe stund
> Der Äpfel reiches Gold, durchstriemt mit Purpur-Zügen,
> Beugt den gestützten Ast und nähert sich dem Mund,
> Der Birnen süß Geschlecht, die Honig reiche Pflaume
> Reizt ihres Meisters Hand, und wartet an dem Baume.
>
> Haller.

Diese Stelle kan meinen Lesern ebenfals eine entzückende Empfindung, von der Lebhaftigkeit der Gedanken, beybringen, und es wird also zugleich aus der Erfahrung erhellen, wie reizend diese Schönheit der Gedanken sey.

§. 34. Die Gewisheit besteht, in einer klaren Erkentnis der Wahrheit. Da nun so wol die Wahrheit, als auch die Klarheit

Volkommenheiten der Erkentnis sind §. 32. 33. so ist so wenig nöthig zu beweisen, daß die Gewisheit eine Volkommenheit sey, daß man vielmehr von selbst einsehen kan, sie sey, so zu sagen, eine zweyfache Volkommenheit. Die lebhafte Erkentnis der aesthetischen Wahrheit ist, die aesthetische Gewisheit (certitudo aesthetica) welche also ohne Widerrede eine sehr grosse Schönheit der Erkentnis ist. So lange wir in Absicht auf eine Sache ungewis sind, so lange empfindet die Seele einen Mangel, welcher sie beunruhiget und vielmals ängstiget. So bald wir aber völlig gewis sind, wird der Durst nach der Wahrheit gestilt, und diese erquickende Beruhigung erfült das Gemüth mit einem Vergnügen, welches satsam beweist, daß wir die Gewisheit für etwas überaus gutes halten. Herr Haller will, am Ende seines Gedichts über die Alpen, seine Landsleute von der Wahrheit überführen, daß sie bey ihrer scheinbaren Armuth glückseliger sind, als die reichsten Nationen, die in einer Monarchie leben, und zu dem Ende macht er unter andern, diese Wahrheit, auf folgende Art aesthetisch gewis:

> Dort spielt ein wilder Fürst mit seiner Diener Rümpfen,
> Sein Purpur färbet sich mit lauem Bürger-Blut,
> Verläumdung, Haß und Spot, zählt Tugenden mit Schimpfen,
> Der Gift-geschwolne Neid nagt an des Nachbarn Gut.
> Die geile Wollust kürzt die kaum gefühlten Tage,
> Um deren Rosen-Bett ein naher Donner blitzt.
> Der Geiz bebrütet Gold zu sein und andrer Plage,
> Das niemand weniger, als wer es hat, besitzt.
> Dem Wunsche folgt ein Wunsch, der Kummer zeuget Kummer,
> Und euer Leben ist nichts als ein banger Schlummer.

§. 35. Die letzte Hauptvollkommenheit der Erkentnis ist das Leben derselben. Eine Erkentnis ist lebendig, wenn sie Vergnügen und Verdrus, Begierden und Verabscheuungen, durch das Anschauen einer Vollkommenheit oder Unvollkommenheit verursacht. In so ferne eine Erkentnis nicht lebendig ist, in so ferne ist sie todt, und eben deswegen unvollkommen. Denn in der lebendigen Erkentnis ist einmal mehr Mannigfaltigkeit, weil sie eine anschauende Vorstellung des guten und bösen enthält, welche in der todten Erkentnis nicht angetroffen wird; und zum andern eine grössere Übereinstimmung, weil die Theile derselben, den hinreichenden Grund der Bewegung der Begehrungskraft, enthalten. Folglich ist eine lebendige Vorstellung volkommener, als eine todte §. 24. wenn sie im übrigen einander gleich sind. Das Leben der sinlich schönen Erkentnis ist also eine Schönheit §. 23. welche das aesthetische Leben der Erkentnis (vita cognitionis aesthetica) genent wird. Eine Erkentnis, die nicht lebendig ist, nimt nur die halbe Seele, die Erkentniskraft, ein; die lebendige beschäftiget aber zugleich die Begehrungskraft, die andere Helfte der Seele, und sie erfült demnach das ganze Gemüth. Da sie also viel mehrere Wirkungen hervorzubringen in Stande ist, als die todte, so mus sie ohne Zweifel auch um dieser Ursach willen schöner seyn. Bey einer todten Erkentnis gähnt man; eine lebendige aber erhitzt die Lebensgeister, und bemächtiget sich der Herzen, und ich halte das aesthetische Leben der Erkentnis für die allergröste Schönheit der Gedanken. Herr Haller hat, in dem schon etliche mal angeführten Gedichte, am Ende, das Leben der Schweitzer so rührend vorgestellt, daß man gleichsam gezwungen wird, ein solches Leben zu begehren.

Bey euch, vergnügtes Volck, hat nie in den Gemüthern
Der Laster schwarze Brut den ersten Sitz gefaßt,
Euch sätigt die Natur mit ungesuchten Gütern,
Die kein Verdrus vergält, kein Wechsel macht verhaßt,
Kein innerlicher Feind nagt unter euren Brüsten,
Wo nie die späte Reu mit Blut die Freude zahlt.
Euch überschwemt kein Strom von wallenden Gelüsten,
Da wider die Vernunft mit eitlen Lehren prahlt.
Nichts ist, das euch erdrückt, nichts ist, das euch erhebet,
Ihr lebet immer gleich, und sterbet wie ihr lebet.

* * *

O selig! Wer wie Ihr mit selbst gezognen Stieren,
Den angestorbnen Grund von eignen Aeckern pflückt.
Den reine Wolle deckt, belaubte Kränze zieren,
Und ungewürtzte Speis aus süßer Milch vergnügt.
Den Zephirs leis Gezisch bey kühlen Wasser-Fällen
In ungesorgtem Schlaf auf weicheen Rasen streckt.
Den nie in hoher See das Brausen wilder Wellen,
Noch der Trompeten Schal in bangen Zelten weckt.
Der seinen Zustand liebt und niemals wünscht zu bessern,
Gewis der Himmel kan sein Glücke nicht vergrössern.

12 JOHANN CHRISTOPH GOTTSCHED: Auszug aus des Herrn Batteux, öffentlichen Lehrers der Redekunst zu Paris, Schönen Künsten, aus dem einzigen Grundsatze der Nachahmung hergeleitet. (Leipzig 1754)

Aus: I. Teil. (S. 14, 15 f., 18) Erstes Hauptstück. Abtheilung und Ursprung der Künste.

IX. Der Witz also, als der Vater der Künste, muß der Natur nachahmen.

X. Er muß sie aber nicht so nachahmen, wie sie täglich ist, nämlich wilde und unordentlich, wo schlechtes und gutes vermischet ist; sondern das Schöne in derselben heraussuchen.

Dieß thut der Geschmack, als der Richter der Künste. Er muß aber zufrieden seyn: wenn die Natur wohl gewählet, und durch Kunst wohl nachgeahmet ist.

XII. So zielet denn in den Künsten alles auf die Nachahmung der schönen Natur ab: welches aus dem Witze, dem Geschmacke, und der Anwendung auf alle Künste in sovielen Theilen erhellen wird.

Zweytes Hauptstück. Der Witz hat die Künste nicht anders als durch Nachahmen erfinden können. Was nachahmen heiße?

II. Der Witz also, der zu gefallen suchet, muß die Schranken der Natur nicht überschreiten. Er muß nichts aushecken, was unmöglich ist; sondern nur erfinden, was ist. Die wichtigsten Köpfe schaffen nichts neues sondern entdecken nur, was schon da war. Sie beobachten es nur.

III. Folglich muß sich der Witz ganz allein auf die Natur stützen. Er muß sie weder schaffen, noch vernichten. Was denn? Ihr folgen, und sie nachahmen. Alle seine Werke sind also lauter Nachahmungen.

IV. Nachahmen heißt, ein Vorbild oder Muster abbilden. Die Natur ist das Vorbild oder Muster aller schönen Künste; die Kunstwerke sind die Nachbilder, oder Abbildungen. In jener liegen Schönheiten und Ordnungen. Ihren Regeln muß man folgen.*

[...]

------

* Alles ist nach Zahl, Maaß und Symmetrie gemachet.

XII. So sind nun alle schöne Künste bloß etwas eingebildetes, erdichtetes, und nachgeahmtes, das den wahrhaften Dingen ähnlich ist. Darum wird allemal die Kunst der Natur entgegen gesetzet: darum schreyt alles: Man müsse der Natur folgen! Kurz, darum sind die vollkommensten Kunstwerke die, welche man für die Natur selbst ansehen möchte.

XIII. Diese Nachahmung nun, ist die reichste Quelle der Vergnügungen. Der Witz übet sich in Entdeckung der Ähnlichkeiten: und diese Arbeit ergetzet ihn destomehr, weil er sich mit seiner Geschicklichkeit dabey schmäuchelt.

———

Drittes Hauptstück. Der Witz muß die Natur nicht allemal nachahmen, so wie sie ist.

IV. Die Nachahmung der Künstler muß also nicht knechtisch verfahren, sondern theils eine gute Wahl treffen; und theils das Gewählte in aller Vollkommenheit darstellen.

[...]

VI. Das heißt nun, man muß die schöne Natur nachahmen: d. i. nicht schlechtweg die Natur, wie sie ist; sondern wie sie seyn könnte, mit allen Vollkommenheiten, die sich zusammenschicken.

VII. Dessen ungeachtet bleibt in den Nachahmungen dennoch Wahrheit. Die Poesie bleibt bey der Natur, soviel sich thun läßt: die Malerkunst und Schnitzkunst auch. Nur in Umständen, Stellungen und Nebendingen bessern sie selbige.

Viertes Hauptstück. In was für einem Zustande der Witz seyn muß, um die schöne Natur nachzuahmen

I. Die glücklichsten Köpfe empfinden nicht stets den Einfluß der Musen. Es giebt nur gewisse erwünschte Stunden für sie.

[...]

IV. Was ist also die Wuth eines Dichters? Bey vielen ist sie ein reicher Witz, ein richtiger Verstand, eine fruchtbare Einbildungskraft; sonderlich ein Herz voll edles Feuer, welches sich bey dem Anblicke gewisser Gegenstände leicht entzündet.

Aus: II. Teil. (S. 27, 30, 45)

Vorbereitung

III. Der Witz und Geschmack haben in den Künsten einerley Augenmerk. Der eine schaffet: der andere urtheilet. So muß denn dieser nicht eher zufrieden seyn, als jener die schöne Natur aufs beste nachgeahmet hat.

———

Erstes Hauptstück. Was der Geschmack ist?

IX. Der Geschmack in den Künsten ist eben das, was in den Wissenschaften die Einsicht und die Urtheilskraft ist. Ihre Gegenstände sind nur verschieden, ihr Amt aber ist einerley. [...]

XI. Die Einsicht betrachtet, was die Dinge, ihrem Wesen nach, an sich selbst sind; der Geschmack aber, was sie in Ansehung unsrer sind.

———

Viertes Hauptstück. Die Gesetze des Geschmackes haben nichts, als die Nachahmung der schönen Natur zum Gegenstande

XII. Die Einheit in der Mannigfaltigkeit bringen das Ebenmaaß und die Verhältniß zuwege: zwo Eigenschaften, die zwar einen Unterschied, allein auch eine Übereinstimmung verschiedener Theile erfodern.

XIII. So hält denn die schöne Natur, so wie sie in den Künsten vorgestellet werden muß, alle Eigenschaften des Schönen und Guten in sich. Sie ergetzet den Witz, indem sie ihm vollkommene Gegenstände zeiget; sie vergnüget auch das Herz, indem sie ihm nützliche liefert.

13   Johann Adolf Schlegel: Batteux, [...] Einschränkung der Schönen Künste auf einen einzigen Grundsatz. Aus dem Französischen übersetzt, und mit einem Anhange einiger eignen Abhandlungen versehen. (Leipzig 1759)

V. Von dem höchsten und allgemeinen Grundsatze der Poesie. (S. 352–368, 376–378)

Dem Grundsatze der Nachahmung der Natur, den Batteux gewählet hat, muß man es lassen, daß ihm vor allen angeführten der Vorzug gehört, weil er unter ihnen der allgemeinste ist, weil er die Verwandtschaft der Poesie mit den andern schönen Künsten zeigt, und weil man am wenigsten in Gefahr geraten wird, sich zu verirren, wenn man ihm folgt. Laßt uns indessen denselben näher prüfen; und wir werden finden, daß er gleichfalls seine Mängel habe; Mängel, die es nicht verstatten, daß wir uns mit ihm zufrieden stellen.

Keine Kunst läßt sich schwerer auf einen einzigen Grundsatz einschränken, als die Poesie. Bey der Musik, bey der Bildhauerkunst, bey der Malerey, bey der Tanzkunst ist alles leicht, weil sich bey ihnen Kunst und Natur allzudeutlich unterscheiden, als daß sie sich verwechseln ließen. Aber die Gränzen der Poesie fließen mit den Gränzen der Prosa so sehr ineinander, daß das schärfste Auge, sie genau zu entdecken, und das Gebiete der einen von dem Gebiete der andern zu scheiden, nicht vermag. Es giebt hier nicht etwan bloß Werke, welche allein Nachahmungen, und andre, die ganz Natur sind, wenn wir auch die ausgebesserte Natur darunter verstehen; sondern wir finden nicht weniger Werke, welche zur Hälfte Nachahmungen der Natur, und zur Hälfte Natur selbst sind. Es giebt hier gleichfalls, wie schon in der vorhergehenden Abhandlung erinnert worden, Werke, die in ihrem Wesen Poesie, und in ihrem Äusserlichen Prosa sind, und unter diesen wohl gar solche, deren Innhalt nur zum Theile poetisch, und in dem Übrigen ganz prosaisch ist. Dieß wird eine beständige Ursache bleiben, daß sich die Kunstrichter in Absicht auf das Wesen der Poesie niemals ganz vereinigen werden.

Von einem Grundsatze, der in einer Kunst der einzige seyn soll, wird man zuvörderst verlangen, daß alle Theile dieser Kunst gleich leicht, gleich natürlich und ungezwungen, sich daraus herleiten lassen. Hier äussert sich schon eine nicht geringe Unbeqvemlichkeit, wenn man die Nachahmung der Natur zur Hauptqvelle macht. So deutlich es in die Augen fällt, daß die Epopee, die Oper, die Tragödie, die Komödie, das Schäfergedicht und die Fabel aus ihr entspringen; so viele Arbeit kostet es dem Batteux, die Ode daraus, als aus ihrem einzigen Grundsatze, herzuleiten. Und ist es ihm gelungen? Er hat in der That eine undankbare Arbeit unternommen. Er verläugnet hier die gründliche Sprache der Kritik, die ihm sonst so eigen ist, um die spitzfindige Sprache der Disputierkunst zu reden, die , ob sie sich gleich in die Enge getrieben fühlt, dennoch die Vertheidigung einer fast verlornen Sache nicht aufgeben will. Er sieht sich genöthigt, es zu läugnen, daß die Oden oft die Ausdrücke der wirklichen Empfindungen unsers Herzens sind; er macht sie zu einer Reihe nachgemachter Empfindungen, und da er es gleichwohl sich selbst nicht verbergen kann, daß viele vortreffliche Odendichter ihre eignen Empfindungen in ihren Gesängen ausgedrückt haben, so hält er dieß für einen zufälligen Vortheil, der den Poeten, so zu sagen, zu dem Nachahmer seiner selbst macht. Wie viel willkührliche Foderungen, die er alle nicht erweisen kann! Und wie viele Widersprüche und Fehlschlüsse, vor denen so viel angenommne Sätze ihn nicht verwahren können; ja darein sie selbst ihn verwickeln.

Noch größer aber wird das Vorurtheil gegen diesen einzigen Grundsatz, wenn wir sehen, daß ihn derselbe veranlaßt, das Lehrgedichte mit allen den Gattungen die unter diese Hauptklasse gehören, als Werke, die weder ganz Poesie, noch ganz Prosa wären, die bloß dem Eigensinne des Genies ihren Ursprung verdankten, und die ausdrücklich dazu erfunden worden, daß sie sich nicht an die Regel binden sollten, aus der Poesie herauszuwerfen.

Die Welt wird allezeit fodern, daß wir, wenn wir ihr Erklärungen und Grundsätze von Dingen geben wollen, die sie schon vorher kannte, dieselben nach ihren Begriffen, und dem einmal eingeführten Sprachgebrauche einrichten, nicht aber uns die Gewalt anmaaßen sollen, Künste, die schon da waren, ehe wir über ihr Wesen nachdachten und schrieben, nach unsern Begriffen und Erklärungen umzuschmelzen. Und mich dünkt, daß die Welt, dieses zu fodern, Recht hat. Wenn wir Vorurtheile bestreiten, und Dinge, die den Beyfall der Welt nicht verdienten, aus ihrer Gunst setzen wollen, alsdann mögen wir ihre Begriffe einschränken; und sie wird es uns Dank wissen. Aber wer hat jemals die virgilischen Bücher vom Ackerbaue, die horazischen Satiren, oder die boileauische Dichtkunst für schlechte Werke gehalten? Und es würde eine Beleidigung für den so feinen Geschmack des Batteux seyn, wenn man ihm ein so unkritisches Urtheil zutraute.

Ein einziger Grundsatz einer Kunst oder Wissenschaft muß sich über alles erstrecken, was die Welt von Geschmacke zu derselben gerechnet hat. Die besondern Regeln vertragen wohl Ausnahmen; aber ein einziger Grundsatz hört durch jede Ausnahme, sie sey so klein, als sie wolle, den Augenblick auf, der einzige zu seyn. Und wie groß ist nicht hier die Ausnahme, da die dogmatische Poesie fast von einem eben so weitläuftigen Umfange ist, als die epische oder die dramatische! Wie viel Gedichte werden nicht dadurch von dem Parnasse verbannt, die durch die Kenner in den Besitz ihrer Stellen waren gesetzt worden, und so lange ruhig darinnen geblieben waren! Und noch dazu was für Gedichte!

Wir wollen versuchen, ob wir keine Haupterklärung der Poesie finden können, bey der sich keine Gattung der Gedichte über Unrecht beschweren kann. Sodann wollen wir uns insbesondre der Lehrgedichte annehmen, und zeigen, was unsern Kunstrichter zu einer solchen Strenge gegen dieselben verleitet haben mag.

Obgleich der Poesie nicht untersagt ist, lehrreich zu seyn; ob sie gleich, wenn sie ihren wahren Vortheil versteht, solches zu seyn sich bemühen wird, und oft auch mit einem glücklichern Erfolge lehret, als die Wissenschaft: So hat sie dennoch nicht, gleich dieser, das Amt einer Lehrerinn auf sich. Man fodert und erwartet von ihr, daß sie zu gefallen suche. Eben dieß ist ihr Endzweck, den sie sich vorgesetzt hat, und das Werkzeug, dessen sie sich bedient, denselben zu erreichen, ist die Sprache.

Ihr Wille ist nicht, den Verstand mit Erkenntniß zu bereichern, sondern ihm zu schmeicheln; und darum muß sie auf das Schöne beflissen seyn. Dieß wird allein bey dem Vollkommnen gefunden; und die Vollkommenheit faßt Wahrheit und Ordnung in sich. Die letztere dieser beiden Eigenschaften ist die größre, wenigstens diejenige, welche die meisten Reizungen an sich hat; und da sie durch die erstere öfters verdunkelt, öfters ganz vernichtet wird: So ist die Poesie, vermöge ihrer Absicht zu gefallen, zur Wahrheit weit weniger verbunden, als zur Ordnung. Um die Wirklichkeit der Gegenstände, die sie zeigt, ja nicht selten so gar um ihre Möglichkeit ausser unsern Gedanken ganz unbekümmert; für eine durchgängige

Übereinkunft der Begriffe, die sie erweckt, mit dem, was in dem gegenwärtigen Zusammenhange der Dinge da ist, oder da seyn könnte, nicht ängstlich besorgt; begnügt sie sich öfters mit einer bloß idealischen Wahrheit. Diese ist mit der eigentlichen Wahrheit nicht gleichen Gesetzen unterworfen. Sich gleichsam selbst genug, sucht sie ihren Werth nicht auswärts, sondern schränkt sich allein auf die Gedanken unsers Geistes ein, und wenn sie nur in diesem engern Bezirke von Widersprüchen frey erfunden wird, so gilt sie dann schon für Wahrheit, ohne daß die Gültigkeit ihrer Ansprüche auf diesen Namen erst aus dem Daseyn der Gegenstände ausserhalb den Gedanken dargethan werden müßte; denn der Geist, wenn er dichtet, wird durch nichts gezwungen, an die vorhandnen Gegenstände sich zu binden, er kann sich vielmehr die Gegenstände zu seinen Begriffen selbst erschaffen, wie er es für gut findet. Zu der idealischen Wahrheit, die es allein ist, welche der Poesie nirgends fehlen darf, wird weiter nichts erfodert, als daß der Begriff, einestheils mit sich selbst wohl übereinkomme, anderntheils mit denjenigen Begriffen, mit denen er in Verbindung gesetzt worden, nicht offenbar streite.

Aber so große Freyheiten der Poesie in Ansehung der Wahrheit gestattet sind; desto strenger sind die Foderungen des Geschmacks an sie in Ansehung der Ordnung. Diese muß aus allen ihren Vorstellungen aufs sichtbarste hervorstralen; solche sey nun, nach der Verschiedenheit dieser Vorstellungen, die Ordnung der Anmuth, oder die Ordnung des Nutzens; und noch mehr Beyfall wird sie sich erwerben, wenn sie beide durch ihre Kunst miteinander zu vereinigen weis. Denn die Ordnung ist von einer zwiefachen Art; sie soll entweder reizen, oder nützen. Jenes geschieht, wenn man nach einem wohlentworfnen Grundrisse im Verstande allen Theilen eines Ganzen ihre genauabgemeßnen Stellen anweist, wie sie am ungezwungensten sich ineinander fügen, und alle Mishelligkeit zwischen ihnen am glücklichsten vermieden wird. Dieß ists, was ich unter der Ordnung der Anmuth verstehe, deren Wesen Eurythmie ist*. Hingegen das Wesen von der

---

* Die Eurythmie fasset die Symmetrie und die Proportion unter sich; von denen Batteux im II. Theile im 4. Capitel auf der 63. Seite redet. Die Proportion ist das äusserliche oder sichtbare Verhältniß der

Ordnung des Nutzens, ist das innere oder zweckmäßige Verhältniß; denn sie setzt die Theile so wohl untereinander, als mit dem Ganzen, in eine solche Verbindung, welche Absichten ankündigt, und diesen Absichten am zuträglichsten ist. Beide Arten der Ordnung sind, wie für die andern Künste, also auch für die Poesie, fruchtbare Qvellen, aus denen sie ihr Vollkommnes schöpfet. Je mehr Ordnung wir in einem Gegenstande wahrnehmen, je deutlicher wir sie darinnen wahrnehmen, für desto vollkommner achten wir ihn; und wo dieselbe, besonders die Ordnung der Anmuth, in einem so reichen Maaße vorhanden ist, daß sie gleich auf den ersten Blick ins Auge fällt, und ohne unsre Untersuchungen abzuwarten, unsern Wahrnehmungen sich von selbst darbeut, ja, so zu sagen, aufdrängt; das nennen wir schön. Und kann es zweifelhaft seyn, ob sie durch dieß ihre Absicht erreichen werde, dem Verstande zu schmeicheln, da es am geschicktesten ist, unsern Geschmack zu erweitern, und da Wohlgefallen und Bewunderung seine natürlichen Wirkungen sind?

Gleichfalls ist es nicht der eigentliche Vorsatz der Poesie, das Herz durch Vorschriften zu seiner Pflicht, und durch mitgetheilte Erfahrungen zur Klugheit des gemeinen Wesens zu unterweisen; sie sucht es vielmehr einzunehmen, und in Bewegung zu setzen. Sie wählt daher solche Vorstellungen, welche mit unsrer Existenz, mit unserm Wesen, mit unsern Vollkommenheiten und Schwachheiten, besonders aber mit unsern Neigungen und Empfindungen, auf eine angenehme Weise übereinkommen. Das nennen wir das Gute; denn unser Herz nimmt Antheil daran.

Wenn wir aber das Gute für einen Gegenstand der schönen Künste erklären, müssen wir uns um so viel mehr hüten, daß wir nicht seine Gränzen aus der Natur bestimmen wollen, da hier weder von dem metaphysischen noch von dem moralischen Guten*, sondern von dem physischen Guten die Rede

---

Theile, das in die Sinne fällt; da hingegen die Relation, die er ganz übergeht, dieses innere oder zweckmäßige Verhältniß der Theile ineinander, und zum Ganzen, durch Schlüsse, oder durch ein dunkles Gefühl, das aus unentwickelten Schlüssen seinen Ursprung hat, wahrgenommen wird.

* Nicht als ob der Zugang zu dem metaphysischen oder moralischen

ist, und dieß gleichwohl in der Natur einen viel engern Umfang hat, als in den schönen Künsten. In der Natur erkennen wir nichts für gut, als was mit unserm Willen wirklich übereinkömmt. In den Künsten hingegen ist es keine Übereinkunft in einem so eingeschränkten Verstande, welche erfodert wird; und es ist schon genug für sie, wenn die Vorstellungen dem Herzen nicht fremd und gleichgültig sind; ja eine genaue Einstimmigkeit mit unsern Eigenschaften und Neigungen ist dazu so wenig vonnöthen, daß so gar die Mishelligkeit mit denselben meistentheils noch größre Wirkung thut. Daraus läßt sich leicht abnehmen, daß in ihnen die Annehmlichkeit der Vorstellungen weder das einzige noch das vorzügliche Mittel sey, ihre Übereinkunft mit unserm Wesen uns angenehm zu machen. Vielmehr behalten die unangenehmen Vorstellungen, welche die Künste durch eine Art der Zauberey uns in angenehme zu verwandeln wissen, den Preis vor jenen. Das Schlimmste in der Natur, das, was uns empört, und von sich zurückscheucht, Furcht, Schrecken, Angst, Traurigkeit, Abscheu, ziehet uns in den schönsten Künsten an sich, und hat in ihnen eine vorzügliche Güte.

Hier sehen wir, wie die Gedanken und Vorstellungen, deren sich die Poesie bedient, ihrer innern Natur nach beschaffen seyn müssen; das Schöne und das Gute sind ihr eigenthümlicher Gegenstand. Aber unter was für einer äusserlichen Gestalt müssen sie vor uns erscheinen, wenn sie unser Lob und unsre Liebe gewinnen sollen? Wodurch wird das Schöne unserm Verstande sichtbarer? Wodurch das Gute unserm Herzen fühlbarer?

Würde das Schöne dann von allen eine günstige Aufnahme

Guten der Poesie verschlossen wäre; denn was ist ihr wohl verschlossen? Vielmehr gehört besonders das moralische Gute zu den ergiebigsten Pflegen, von denen sie ihre Schätze einsammelt. Aber das metaphysische Gute, diese Übereinkunft eines Dinges mit den Absichten Gottes, und das moralische Gute, diese Übereinkunft der Handlungen mit dem göttlichen Gesetze, kommen hier nach ihrer eigenthümlichen Beschaffenheit, da sie in die Regeln der Kunst keinen Einfluß hat, nicht in Betrachtung, sondern nur insofern sie unter den Händen der Poesie durch ihre Wirkung ein physisches Gutes werden.

sich versprechen dürfen, wenn es sich mit einer tiefsinnigen Miene uns darstellen wollte? Zwar der Philosoph, dem die Anstrengung des Verstandes fast eben das ist, was andern der tägliche Gebrauch desselben ist, würde es dennoch nicht verkennen, und dasjenige würde noch immer fähig seyn, ihm Ergetzung zu gewähren, worinnen andre sich müde arbeiteten. Aber singt die Poesie bloß für Philosophen? Wo würde sie Zuhörer finden? Unter den gewöhnlichen Philosophen ist es schon längst hergebracht, sie zu verachten; und wenn sie vielleicht durch dieses Mittel ihre Gunst sich erkaufen möchte, wen würde sie ausser ihnen zum Verehrer behalten? Enige wenige Philosophen, die nicht bloß durch Arbeitsamkeit, sondern durch Genie, Philosophen sind, würdigen sie zwar wohl ihrer Aufmerksamkeit; doch diese wollen in dem Schooße der Poesie von ihren ernstern Arbeiten ausruhen, und durch die Annehmlichkeiten eines Gedichts sich vor der Trockenheit und Fühllosigkeit verwahren, denen man bey dem Fleiße in abstractern Wahrheiten nur schwerlich entgehen kann. Sie erwarten also von ihr eben das, was alle, die Geschmack haben, von ihr fodern, und was sie in der That auch allen schuldig ist; denn das ist ja der Vorzug der schönen Künste und Wissenschaften vor den ernsthaftern, daß sie gemeinnütziger, und ihre Werke auch denen verständlich sind, die sie nicht kunstmäßig erlernt haben, wofern sie nur Geschmack besitzen.

So wird denn vielleicht das Deutliche* das Mittel seyn, durch welches die Poesie dem Schönen unsern Beyfall erwirbt? An und für sich auch dieß nicht. Wenn das Tiefsinnige dem Verstande zu viel Arbeit macht, und das Herz, das gleichfalls für das Schöne eingenommen werden sollte, ganz müßig läßt: So ist hingegen das Deutliche, wenn es weiter nichts, als deutlich ist, oft sehr langweilig und ekelhaft. Nur das Sinnliche ist dasjenige, was das Schöne von seiner vortheilhaftesten

---

* Wenn ich das Deutliche von dem Abstracten unterscheide, ja gewissermaaßen demselben entgegensetze; so nehme ich dieß Wort nicht in philosophischem Verstande, sondern in demjenigen, den es im gemeinen Leben hat. Ich sehe nämlich nicht auf die genaubestimmte Richtigkeit und Kenntlichkeit des Begriffs, sondern auf die Leichtigkeit, dazu zu gelangen, und auf die möglichere Allgemeinheit der Einsicht in denselben.

Seite zeigt, denn dieß verbindet die Deutlichkeit mit dem Tiefsinnigen, und befriedigt dadurch zugleich die Neubegierde und die Trägheit des Verstandes. Dieß ist die Sprache, welche wir, Bewohner einer sichtbaren Welt von der Natur gelehrt werden, wie sich daraus erkennen läßt, daß sie nicht nur dem gemeinen Manne die verständlichste ist, sondern auch von ihm selbst geredet wird.

Und durch welchen Weg gelangt wohl das Gute am leichtesten zu unserm Herzen? Man sollte meynen, daß man von dem Lehrreichen, dem Bindigen und Nachdruckvollen diesen Dienst am sichersten hoffen dürfte; und man betrügt sich in seiner Hoffnung. Es würde ihn ja allerdings leisten, wenn der Verstand und das Herz noch diejenige freundschaftliche Harmonie untereinander unterhielten, die ursprünglich zwischen ihnen geherrscht hat. Doch, seit sie sich veruneinigt haben, behauptet nunmehr das Herz für sich besonders seine Rechte. Es behauptet sie nicht selten dem Verstande zum Nachtheile und Hohne; und die Rührung des Herzens ist so wenig eine Folge von der Überzeugung des Verstandes, daß vielmehr, wie vornehmlich der Sittenlehrer schon oft zu seiner Verwunderung und zu seinem Verdrusse erfahren müssen, auch in den richtigsten Beschreibungen, in denen der Verstand die Affekten genau gezeichnet findet, das Herz sein Bild nicht erkennen will, und die triftigsten Bewegungsgründe, welche den ganzen Verstand in Geschäfftigkeit setzen, welche den Vollkommenheiten oder Schwachheiten, den Neigungen und den Vortheilen des Herzens am angemessensten sind, dennoch kaum die Oberfläche desselben berühren, und unkräftig von ihm zurückprallen, wenn man sie nicht zu Pfeilen zuzurichten weis, die mit Gewalt bis in sein Innerstes eindringen. Überhaupt aber ist es eine gewöhnliche Wirkung des Lehrreichen, wenn es sich allzuunversteckt zeigt, wenn es sich nicht unmerklich einschleicht, daß der Verstand dadurch sich für beleidigt achtet, und das Herz dagegen sich empöret. Man darf auch nicht etwan glauben, daß das Leichte und Fließende ein beqvemes Mittel seyn werde, ihm den versagten Eingang zu eröffnen. Dieß entkräftet das Lehrreiche, daß es noch weniger fähig ist, das Herz in Bewegung zu setzen. Es scheint ihm schmeicheln zu wollen, und schmeichelt nur dem Ohre. Es gleicht dem einförmigen Geschwätze eines sanftfließenden Bachs. Es versprach Ergetzung; und ehe wir uns dessen versahen, sind wir eingeschlummert. Das, was dem Herzen Genüge thut, ist allein das Sinnliche, welches das Bindige und Lehrreiche mit Leichtigkeit vereinigt, ohne seinen Nachdruck zu schwächen, weil es zur Leichtigkeit noch Lebhaftigkeit hinzufügt. Wer wird ihm diesen Vorzug streitig machen können, da eben dieß alle Empfindungen in dem Herzen erweckt und wirket; da eben dieß die Sprache des Herzens ist, wenn es seine Empfindungen ausdrücken will?

Das Sinnliche also ist es, welches beiden, dem Schönen und Guten, die gründlichsten und zuverlässigsten Dienste leistet; denn es giebt ein doppeltes Sinnliches; eines für die äusserliche Empfindung, für die Sinne des Leibes, und die Einbildungskraft; eines für die innerliche Empfindung, oder für die Sinne der Seele, wenn es uns vergönnt ist, die Affekten des Herzens also zu nennen. Jenes hat vornehmlich die Gunst des Schönen, denn es läßt sich sein Bestes mit einem vorzüglichen Eifer angelegen seyn, und aus ihm enspringt die Poesie der Malerey. Dieß hingegen gehört dem Guten eigenthümlich zu, und ist ihm zur Beförderung seiner Vortheile unentbehrlich. Ihm verdankt die Poesie der Empfindung ihren Ursprung. Die Poesie der Malerey, und die Poesie der Empfindung sind nicht zwo verschiedene Namen eben derselben Sache; sie sind wesentlich voneinander unterschieden; zwar nicht zwo verschiedne Künste, aber doch zwo verschiedne Gattungen von Einer Kunst; und sie haben beide, iede für sich, ihre eignen Rechte und ihren eignen Werth. Die Poesie der Malerey ist ein in ein äusserliches Sinnliches gekleidetes Schönes; sie redet ins Auge. Die Poesie der Empfindung ist ein durch ein innerliches Sinnliches belebtes Gutes; sie redet ins Herz. Jene stellt uns alles in einer reizenden Gestalt dar; diese weis uns durch alles, und für alles, zu rühren. Jene macht das Unsichtbare und Geistige sichtbar; die Gedanken, selbst die tiefsinnigsten und abstractesten Begriffe, Erklärungen, Eintheilungen, Bestimmungen und Beweisgründe hüllt sie in Leiber; und die trockensten Beschreibungen werden unter ihren Händen anmuthige Schildereyen. Diese hingegen athmet den Gedanken Seelen ein; sie theilet ihr Feuer und Leben dem mit, was des Lebens am unfähigsten zu seyn schien; und unter ihren Händen löst sich alles, Grundsätze und Wahrnehmungen, Vorschriften der Pflicht und Regeln der Klugheit, Tugend und Wohlstand, in Empfindungen auf. Jener gehört in Absicht auf die Sachen vornehmlich das Epische, dieser vornehmlich das dramatische zu; wie in Absicht auf die Schreibart jene hauptsächlich im Besitze der Metapher ist, und besonders die Figuren und Wendungen sich zueignet. Ob sie indessen gleich einander nicht unterwürfig sind; so stehen sie doch in dem vertraulichsten Bunde miteinander. Sie sind zwo Schwestern, welche einander wechselweise hülfreich die Hände bieten. Die Poesie der Malerey gießt in ihre Schildereyen Empfindungen aus, damit dieselben das Herz so wohl, als den Verstand an sich ziehen; und die Poesie der Empfindung bedient sich hinwieder öfters des Malerischen, die Leidenschaften zu verstärken, und ihre Sprache zu heben. Keine von beiden verschließt der andern misgünstig ihr Eigenthum; sondern sie bieten es beide einander mit gleicher Willfährigkeit zum Gebrauche dar, und beiden ists auch vergönnt, diese gegenseitigen Dienstleistungen anzunehmen; nur mit dem Unterschiede, daß die Poesie der Empfindungen zu weit mehrerer Mäßigung verbunden ist, und wohl zusehen muß, daß durch das Malerische das Rührende erhöhet, nicht verringert, nicht gestöret, oder gar vernichtet werde, da hingegen die Poesie der Malerey hierinnen durch nichts eingeschränkt wird, und sich destomehr Lob erwirbt, iemehr Empfindungen sie ihren Zügen einmischen kann. Die Ursache davon ist die, daß dem Menschen seiner Natur nach die Unthätigkeit des Herzens unerträglicher fällt, als die Unthätigkeit des Verstandes, und also gemeiniglich die Poesie der Empfindung vor der Poesie der Malerey in seiner Liebe den Vorzug hat.

Die Poesie muß durchgängig sinnlich reden, denn durch das Sinnliche allein findet das Schöne und das Gute, das sie uns zu gewähren schuldig ist, den Zugang zu unserm Herzen. Da es aber ihr Hauptendzweck ist, daß sie gefallen soll: So wird es ihr nicht an einigen Annehmlichkeiten genügen; sondern sie wird, wenn sie vollkommen seyn will, jedem ihrer Werke so viel Annehmlichkeiten geben, als es nur anzunehmen fähig ist, und als sich deren beysammen vertragen. Es ist nicht genug, daß ihre Erzählungen und Vorstellungen und Beschreibungen sinnlich sind; sie müssen die sinnlichsten seyn, die nur gedacht werden können. Dieser höchste Grad des Sinnlichen muß nicht nur in den Gedanken und Ausdrücken herrschen; auch ihren Worten muß sie durch die Stellung die sinnlichste Harmonie geben, die für sie nur möglich ist. Sie muß in das Ohr nicht so wohl reden, als singen. Daher erfand sie das Sylbenmaaß.

Wenn ich endlich den höchsten Grad des Angenehmen von ihr fodre, so nöthige ich sie nicht nur, so sinnlich zu seyn, als sie kann, sondern ich schließe dadurch auch, was in der That, obwohl auf eine verstecktere und entferntere Art, durch den Begriff des Guten ausgeschlossen war, alles das Sinnliche, welches eine Empfindung hervorbringt, die ihrer Natur nach sich in keine angenehme Empfindung verwandeln läßt, ausdrücklich von der Poesie aus; ich meyne aber darunter den Ekel, und den höchsten Grad des Entsetzens.

Die Poesie wird also der sinnlichste und angenehmste Ausdruck* des Schönen, oder des Guten, oder des Schönen und Guten zugleich, durch die Sprache, seyn. Beide, das Schöne und das Gute, sind zwar nicht so nothwendig miteinander verbunden, daß sie nicht voneinander geschieden werden könnten; gleichwohl wird es öfters in einzelnen Stellen, als in ganzen Stücken geschehen, und aus der Ursache, die bereits angezeigt worden, wird das Gute des Schönen leichter entbehren können, als das Schöne des Guten. Wenn wir indessen zugeben, daß sie in den größern und wichtigern Werken der Dichtkunst gemeiniglich vereinigt werden müssen: So hebt doch dieß den wesentlichen Unterschied zwischen ihnen nicht auf, denn auch in ihrer Vereinigung wird allezeit eines von beiden der herrschende Theil seyn; manchmal wird das eine durchgängig die Herrschaft führen, mehrentheils aber wechseln sie darinnen miteinander ab.

Diese Erklärung schließt kein einziges der Werke aus, wel-

---

* Das Wort Vorstellung, dessen ich mich in der ersten Ausgabe bedient habe, verwerfe ich darum, als ein unbequemes, weil es nicht allgemein genug ist, und so wohl von denen, welche die Nachahmung der Natur für den obersten Grundsatz der Poesie halten, auf ihre Seite gezogen werden könnte, als auch der Poesie der Maleren, zum Nachtheile der Poesie der Empfindungen, allzugünstig zu seyn scheinet.

che die Kenner jemals für Gedichte erkannt haben, ohne dadurch die Rechte der Dichtkunst zu kränken, ohne ihr Wesen ungewiß und ihre Gesetze zweifelhaft zu machen. Sie zeichnet mit der erforderlichen Deutlichkeit die Gränzen, welche die Poesie von allen andern Wissenschaften scheiden.

Was verweile ich mich zwar bey Schriftstellern, welche nur im Vorbeygehen einzelne, unserm Grundsatze günstige, Züge eingestreut, und gleichsam aus der Ferne bloß einen dunkeln Schimmer davon wahrgenommen haben; da ich mich, zur Unterstützung desselben, auf einen tiefsinnigen Philosophen unsrer Nation berufen kann, welcher den schönen Künsten ihre eigne Vernunftlehre erfunden, oder vielmehr die Grundsätze und Regeln der sinnlichen Erkenntniß, nach denen von ieher das Genie gearbeitet und der Geschmack geurtheilt, unter dem Namen der Ästhetik in die Form einer Wissenschaft gebracht hat? Brauche ich ihn erst zu nennen? Wird man nicht in dieser Beschreibung sogleich Herrn Baumgarten erkennen? Ein Gedicht ist, nach seiner Erklärung, eine vollkommen sinnliche Rede*. Diese Erklärung hat eine philosophische Deutlichkeit; denn sie ist dem erklärten Begriffe völlig angemessen; sie unterscheidet die Dichtkunst auf eine kenntliche Weise von der Weltweisheit so wohl, als von der Beredsamkeit; und sein Grundsatz von der Poesie ist im Wesentlichen von dem, welchen ich festgesetzt, durch nichts unterschieden; von ihm durch nichts unterschieden, als daß der meinige weiter ausein-

---

* Sensitiua oratio perfecta. Bey der ersten Ausarbeitung dieser Abhandlung war mir diese baumgartensche Erklärung unbekannt, deren Kenntniß mich der Mühe überhoben haben würde, selbst einem allgemeinern und bequemern Grundsatze, als die Nachahmung der Natur ist, nachzuforschen. Die zufällige Übereinstimmung mit einem so scharfsichtigen Gelehrten, welche die Herren Verfasser der Bibliothek der schönen Wissenschaften und Künste, im I. Bande im I. Stücke a. d. 83. S. und im II. B. im I. St. a. d. 75. S. veranlaßt hat, das auf Herrn Baumgarten zu ziehen, was zween meiner Freunde, Herr Cramer und Herr Bassedow, eigentlich wider die gegenwärtige Abhandlung eingewandt hatten, und ich in den neuen Zusätzen abgelehnt und gebessert zu haben hoffe: diese Übereinstimmung bestätigt mich in der Meynung, daß ich die Wahrheit nicht vergeblich gesucht.

ander setzt, was jener kurz faßt; welches nach meinem Erachten, wofern ich anders in meiner eignen Sache ein Urtheil fällen kann, in der Kritik zur leichtern Entwicklung der Regeln nicht ohne Nutzen seyn wird.

Aber ists nicht eine unverzeihliche Verwegenheit, sich gegen den Aristoteles und so viele andre Kunstrichter aufzulehnen, und einen so allgemein angenommenen Grundsatz, als der von der Nachahmung der Natur ist, aus dieser Kunst zu verweisen? Der häufigere Beyfall, den derselbe gefunden, und der langwierige Besitz, darinnen er sich gegen mancherley andre Grundsätze, die man in seine Stelle setzen wollen, behauptet, erwecket zwar wohl für ihn das günstige Vorurtheil, daß er viel Wahres enthalten müsse; dennoch entscheidet er die Sache nicht, und eine despotische Herrschaft des Ansehens den Gründen zum Trotze, oder ein Recht der Verjährung wider die Wahrheit, sollte ja in der Kritik eben so wenig gelten, als in den andern Wissenschaften. Zudem bin ich so wenig gesonnen, diesen Grundsatz aus der Poesie zu verbannen, daß ich ihn vielmehr für den zweyten Grundsatz halte, oder noch richtiger zu reden, für das leichteste, sicherste und fruchtbarste Mittel, das Schöne und Gute aufs sinnlichste auszudrücken, kurz für das vorzüglichste Mittel, jenem Grundsatze den ich dafür erkenne, Genüge zu leisten, nur daß ich ihm die ausgebesserte Natur, wo sie an sich, ohne Hülfe der Nachahmung, zu ergetzen fähig ist, zur Seite ordne.

Daraus wird folgen, daß die Nachahmung zwar in den meisten Gedichten herrschen werde, aber nicht in allen; daß sie in manchen vielleicht ganz entbehrlich sey, in andern nicht herrsche, sondern nur diene; daß selbst in denen, darinnen sie herrscht, nicht gefodert werde, daß sie dieselben ganz erfülle; und daß nicht der Plan selbst schon nothwendiger Weise Nachahmung seyn müsse. Ich gebe zu, daß es nur wenig Gedichte geben werde, woran die Nachahmung der Natur keinen Theil gehabt; aber dessen kann ich mich nicht bereden, daß ein Gedicht in allen denen Stellen, wo es nicht Nachahmung ist, so gleich aufhören sollte, ein Gedicht zu seyn, wofern es nur nicht aufhört, der sinnlichste und angenehmste Ausdruck des Schönen und Guten zu seyn. Die Natur zeigt sich uns nicht allezeit in ihrer ganzen Vollkommenheit; sie thut es selten; aber wenigstens will sie uns manchmal zeigen, was sie vermag, wie schön sie an sich seyn könne, auch wenn die schöpferische Kraft des Genies ihr nicht zu Hülfe kömmt, und daß sie diesem oft eben so große Dienste leiste, als sie in den Werken der Kunst gemeiniglich von ihm erhält.

14 Rezension der dritten Auflage der Schlegelschen Batteux-Übersetzung. (In: Deutsche Bibliothek der schönen Wissenschaften, hg. von Herrn Klotz, 5. Bd., 20. St., Halle 1771, S. 577–580, 593, 600)

Jede unsrer Secten auf dem Parnasse hat von je her ihre eignen Kunstlehrer gehabt, es sey nun, daß sie geglaubt, ihr Ansehen leide darunter, wenn sie blos Beispiele und nicht auch Regeln des Schönen geben könne, oder daß sie durch die Meinungen, welche sie vermittelst ihrer Lehrbücher dem Publicum eingeflößt, die Hochachtung gegen die Werke ihrer Mitbrüder erhöhen wollen, von denen sie die Regeln abstrahirte. Gottscheds Poetik war zugleich eine Apologie für seine und seiner Schüler Gedichte, und Breitinger sollte das Ansehen der Patriarchaden aufrecht erhalten. Wie vielen Zöglingen der Berliner Schule müssen die Litteraturbriefe zum Schilde dienen! In der Gellertischen Schule (wenn ich mich anders dieses Ausdrucks bedienen darf) führt Batteux das Wort. Gottsched hatte bereits den Deutschen die französische Kritik aufzudringen gesucht; die Gellertianer, welche man schon ehedem einmal die bessern Gottschedianer genannt hat, blieben ihr getreu, und suchten sie nur auf eine feinere Art zu empfehlen. Als noch keine Ästhetik Mode war, als man noch nichts von den philosophischen Untersuchungen der Engländer wuste, übersetzte Herr Schlegel den Batteux. Der seelige Gellert stellte seine Vorlesungen darüber an, weil es mehr seine Absicht war, den jungen Leuten Geschmack an den schönen Wissenschaften als Philosophie derselben beizubringen. So ward der deutsche Batteux das allgemeine Handbuch der Jünglinge, und seine glänzenden Deklamationen die Lieblingsleitung aller, die von dem, was Schön heißt, urtheilen wollten.

Allein endlich fühlten sich die Deutschen stark genug, über

das Wesen der schönen Wissenschaften nachzudenken. Nachdem Mendelssohn, Leßing, Kant, Flögel, Riedel, Abbt, Herder, Sulzer uns neue Aussichten eröfnet haben, konnte selbst Marmontel, dessen Dichtkunst ich doch dem Batteux weit vorziehe, kein Glück mehr bey uns machen.

Dennoch will ihn uns Herr Schlegel zum drittenmale aufdringen. Hierzu kömmt, daß das grössere Werk, welches Herr Ramler übersetzt hat, dieses kleinere völlig entbehrlich macht. In beiden aber herrscht bey aller Popularität ein Geschwätz, womit wir uns heutzutage nicht mehr befriedigen lassen. Jetzt verlangen wir Methode, Gründlichkeit, Observationsgeist, nicht schwankende Raisonnemens in einem Flitterputze. Wir verlangen jetzt so viel, daß man uns noch keine förmliche Poetik der Deutschen zu geben gewagt hat, und vielleicht auch sobald nicht wagen wird. Wir fodern nicht eben allemal abstracte Untersuchungen, aber doch jederzeit Präcision. Ich sehe also nicht, von welcher Seite uns Batteux noch nützlich seyn soll. Laßt uns allmählig aller Überreste unsrer ehmaligen Kindheit ablegen! Laßt uns die stolzen Franzosen überzeugen, daß wir nicht nur ihres Unterrichts nicht mehr bedürfen, sondern auch ihre Lehrer werden können!

Wer lacht jetzt nicht über die nichtigen Kontroversen von dem Grundsatze der Nachahmung? Und wer kann ein Buch mit Vergnügen lesen, dessen Hauptabsicht ist, alles auf diesen falschen Grundsatz zu reduciren? Herr Schlegel warnt uns zwar Schritt für Schritt dafür, daß wir uns nicht irre führen lassen sollen; aber diese Warnungen werden uns ziemlich ekelhaft. Er erinnert uns zu oft an Dinge, die uns jetzt trivial scheinen, und seine Plauderhaftigkeit bey solchen Dingen kann uns unmöglich Vergnügen machen. Dank sey ihm für den Nutzen, den seine Bemühungen ehedem gestiftet haben mögen! Wir hätten vielleicht ohne ihm unsre jetzigen Kenner nicht. Aber wenn er die Rolle eines grossen Kunstrichters noch immer fortspielen wollen, so muß man den Kopf dazu schütteln.

Herr Schlegel hatte dem Batteux schon ehedem durch Anmerkungen und Abhandlungen nachzuhelfen und die Mine der Gründlichkeit zu geben gesucht, die der Deutsche jederzeit verlangt. Beide hat er in dieser neuen Ausgabe um ein grosses vermehrt. Allein wie er selbst sagt: „Ein Werk der gegenwär-

tigen Art ist am wenigsten der Vollkommenheit fähig" so wird
es auch die Vollkommenheit nie erreichen, und wenn uns Herr
Schlegel noch sechs vermehrte und verbesserte Ausgaben davon gäbe. Er kann es zu einem ungeheuern Körper anschwel-
len, allein sein wahrer Werth wird dadurch um nichts grösser
werden.

_____

Der zweite Theil besteht aus Herrn Schlegels Abhandlungen,
die den eigentlichen Vorzug seines Batteux ausmachen. Sie
sind ein starker Band, allein wie dünne würden sie werden,
wenn man sie ausbrennen wollte!

_____

Wie viel diesen Abhandlungen noch fehle, um uns den
Mangel einer deutschen Poetik zu ersetzen, brauche ich wohl
nicht zu zeigen. Wie viele Lücken in der Theorie! Wie viele
unsrer vortreflichsten Originale ungenutzt! So sehr auch die
Göttingischen Anzeigen gewünscht haben mögen, daß uns
Herr Schlegel bald mit einer vollständigen Dichtkunst beschen-
ken möge: so wenig kann ich diesen Wunsch unterschreiben.
Herr Schlegel prüfe sich unter andern nur nach dem Ideale ei-
ner Poetik für die Deutschen, welches Herr Riedel in seinen
Briefen über das Publikum S. 26 entworfen hat.

NACHWORT

Zur Textauswahl

Der Versuch, an Hand einer schmalen Textauswahl einen Überblick über die Dichtungstheorien der Aufklärung zu geben, hat es vor allem mit zwei Schwierigkeiten zu tun. Sowohl die Eingrenzung einer bestimmten Epoche, als auch die Notwendigkeit, die Vielfalt und z. T. erhebliche Länge der Texte in kurzen Ausschnitten zu präsentieren, bergen die Gefahr der Entstellung. Während mit einer Gestalt wie Thomasius ein doch einigermaßen deutlicher Neuanfang innerhalb des ideologisch überalterten Gelehrtentums der von der Spätrenaissance geprägten Poetiker vom Schlage Daniel Georg Morhofs gegeben ist, gelingt es kaum, in der Mitte des 18. Jahrhunderts eine markante Zäsur innerhalb der poetologischen Diskussion festzustellen. Wenn überhaupt eine Grenze zu ziehen ist, dann hat sie nicht den Charakter einer Scheidelinie. Die frühen Schriften Mendelssohns oder Sulzers etwa fielen ihrem Erscheinungsdatum nach noch in den Bereich dieser Textauswahl. Sie mit hineinzunehmen hätte jedoch eine Verzerrung des Bildes zur Folge, denn mit welchem Recht würden dann Lessing oder Riedel fehlen. Ihre theoretische Position läßt es immerhin als legitim erscheinen, diese Gruppe abzusondern und aus Gründen des Umfangs in dieser Auswahl nicht mehr zu berücksichtigen. Daß sie auch von Zeitgenossen als Phase einer neuen – wie wir heute sehen, auf Kant hinzielenden – Entwicklung eingeschätzt wurde, zeigt die am Schluß der Textauswahl abgedruckte Rezension der dritten Auflage der Schlegelschen Batteux-Übersetzung. Konnte Adolf Schlegel innerhalb des Rahmens dieser Auswahl noch als einer der fortschrittlichsten Theoretiker gelten, so wird sein Standort von der durch Baumgartens Ästhetik so heftig in Bewegung geratenen Dichtungstheorie schnell überholt.

Schematisch verkürzt ließe sich die vorliegende Auswahl wie folgt einteilen: 1. Vorläufer der großen Dichtungstheorien der ersten Jahrhunderthälfte, 2. die großen ‚kritischen Dichtkünste‘,

3. die philosophische Ästhetik (Baumgarten, Meier), 4. die nachgottschedische Generation der theoretisierenden Dichter (Schlegel, Pyra).

Die erwähnte Schwierigkeit, einen umfangreichen Stoff durch relativ kurze Leseproben zu repräsentieren, machte es notwendig, im Anhang kurze, den jeweiligen Text wenigstens notdürftig in die historischen Zusammenhänge eingliedernde Hinweise zu geben. Als Textgrundlagen wurden, wenn möglich, Erstdrucke oder wirkungsgeschichtlich besonders relevante Ausgaben gewählt. Auf eine Normalisierung der Orthographie und Interpunktion wurde im Interesse der historischen Authentizität verzichtet. Ausnahmen sind in den Titeln entsprechend gekennzeichnet. Vernachlässigt wurden hingegen die drucktechnischen Eigenheiten vor allem der frühen Texte. Stillschweigend weggelassen wurden alle Hervorhebungen in den Originalen (Sperrungen u. ä.), ebenso alle Fußnoten und Verweise, soweit sie nicht unmittelbar zum Verständnis der wiedergegebenen Textabschnitte notwendig sind.

HINWEISE ZUM TEXTVERSTÄNDNIS*

1 CHRISTIAN THOMASIUS (1655–1728), Von Nachahmung
der Franzosen

Die eilig hingeschriebene, als Vorbereitung zu seinen Vorlesungen
über Gracian gedachte Schrift ‚Von Nachahmung der Franzosen‘ erschien 1687 mit dem genauen Titel ‚Christian Thomas eröffnet
Der Studierenden Jugend zu Leipzig in einem Discours Welcher Gestalt man denen Frantzosen in gemeinem Leben und Wandel nachahmen solle? ein Collegium über des Gratians Grund-Reguln, Vernünfftig, klug und artig zu leben‘. Auf den ersten Blick scheint sie wenig
mit dem Thema Poetik zu tun zu haben. Doch der Leipziger Vor-
kämpfer der Deutschen Sprache, der „Gelehrte ohne Misere“, wie
Bloch ihn nennt[1], der im Herbst 1687 den für die Zeit revolutionä-
ren Mut besaß, ans Schwarze Brett der Universität eine deutsch geschriebene Ankündigung seiner Gracianvorlesung zu heften und der
damit wie ein neuer Luther der Geistesgeschichte die geheiligte Funktion des Latein als Sprache der Gelehrsamkeit mißachtete, leitet ne-
benbei in Deutschland auch eine neue Epoche der poetologischen
Reflexion ein. Gegen die späthumanistischen Kunsttheoretiker und
Polyhistoren, deren normative Systeme auf der Vorbildlichkeit an-
tiker Dichtung und der Kanonisierung von Exegeten wie Martin
Opitz beruhen, bringt Thomasius eine völlig andere, von Gracian
und Bouhours her bezogene Komponente ins Spiel. Statt Technolo-
gien des Schreibens oder zeitlose Dogmen der Kunsttheorie eklektisch

---

* Zur weiteren Beschäftigung mit dem Thema dieser Textauswahl
sei auf die umfangreichen Bibliographien in den beiden folgenden
Büchern verwiesen:
Hans Peter Herrmann, Naturnachahmung und Einbildungskraft. Zur
Entwicklung der deutschen Poetik von 1670 bis 1740, Bad Homburg
1970 (= Ars poetica. Studien. Bd. 8).
Klaus R. Scherpe, Gattungspoetik im 18. Jahrhundert. Historische
Entwicklung von Gottsched bis Herder, Stuttgart 1968 (= Studien
zur Allgem. und Vergl. Literaturwissenschaft. Bd. 2).
[1] Ernst Bloch, Christian Thomasius, ein deutscher Gelehrter ohne
Misere, Frankfurt 1961.

aufzubereiten, bereitet er eine anthropologische Fundierung der Poetik vor, indem er vom Subjekt, vom Menschen ausgeht und ihm quasi-künstlerische Momente in seiner Bildung abverlangt. Ähnlich wie Christian Weise versucht Thomasius, die sprach-elitäre Welt des Humanismus zugunsten eines nationalsprachlichen Bildungsideals zurückzudrängen. Dabei propagiert er keineswegs wie etwa Morhof eine bloße Transformierung des lateinischen in einen deutschen Humanismus. Vielmehr stehen wir bei Thomasius am Beginn einer ‚Ästhetik des kunstgemäßen Empfindens', eines Weges also, an dessen Ende Schiller den ästhetisch erzogenen Menschen konzipierte. Begriffe wie ‚bel esprit', ‚délicatesse' sind verkappte Vorläufer des Geniebegriffs wie auch der ‚schönen Seele'. Der ‚bon goût', der zum ‚bel esprit' gehört, wird später von König (s. u.) eingedeutscht zu dem ebenso subjektbezogenen Begriff des Geschmacks. Damit ist eines der zentralen Dichtungstheoreme der Aufklärung gewonnen. Thomasius verursachte, indem er die Angriffe des Pater Bouhours auf die seit je im Ausland als barbarisch verschriene deutsche Sprache und Lebensart zwiespältig genug zurückwies und zugleich weiterleitete, einen heilsamen Schock bei seinen Landsleuten. Wenn er nicht Nachahmung der Antike empfiehlt, sondern Nachahmung des Nachahmenswerten an den Franzosen, nicht Nachahmung überzeitlicher Schönheit von Dichtung, sondern Nachahmung zeitlicher Schönheit der Geister, der Kunst zu leben, in einer Weise, die Kunst und Leben als Einheit anstrebt, dann beschwört Thomasius eine Utopie, die wir heute mühsam aus Begriffen wie ‚Galanterie' oder den ‚Grund-Reguln, Vernünfftig, klug und artig zu leben' rekonstruieren müssen.

2 JOHANN JAKOB BODMER (1698–1783), Die Discourse der Mahlern

In den vierzig Jahren um die Jahrhundertwende (1680–1720) war das entstanden, was Leibniz und Thomasius proklamiert hatten: ein deutschlesendes ‚literarisches' Publikum, das sich für Fragen der Dichtungstheorie interessierte. Diese Entwicklung war möglich geworden, als die mit solchen Fragen beschäftigten Gelehrten ihre hermetischen Bibliotheken verließen und es aufgaben, nur in zitatenreichen Traktaten innerhalb ihrer Kaste esoterische Streitgespräche zu führen. Das Medium der neuen Zwiesprache zwischen Schriftsteller und Publikum (nicht zuletzt war die Frau als Leserin entdeckt worden) waren literarische Zeitschriften. Den Anfang hatten die noch weitgehend späthumanistischem Gelehrtendenken verpflichteten ‚Acta Eruditorum' (seit 1682) gemacht, später folgten die in Stil und Thema fortschrittlicheren Monatsgespräche des Christian Thomasius, deren Erscheinen seit 1688 nicht wenig zum Entstehen eines deutschen ‚bel esprit' beitrug. Die Tendenz der Zeit ging weg vom traditionellen Bücherwissen hin zu einem ‚literarischen' Lebensgefühl, das sich am deutlichsten im Aufkommen der ‚moralischen Wochenschriften' (z. B. ‚Der Vernünfftler', 1713/1714) manifestierte. Zu ihnen, die alle mehr oder weniger am englischen Vorbild des ‚Spectator' orientiert waren, gehörten auch die ‚Discourse der Mahlern', in deren Beiträgen u. a. Bodmer unter dem Pseudonym ‚Rubeen' daran arbeitete, eine Partei des guten Geschmacks gegen die immer noch vorhandenen Anhänger barocken Schwulstes zu gründen. In der Theorie waren die ‚Discourse' eher konservativ, aber die von Gottsched später so heftig gerügte Neigung der Autoren zu malerischen Metaphern prägte einen neuen Stil, der den lebendigen Umgang mit Kunst verriet oder verraten sollte. Opitz bleibt vorbildlich, weil er ‚natürlich' dichtet. In dieser Hinsicht hat sich gegenüber der orthodoxen Kunsttheorie wenig geändert. Aber die Begründung, er habe „die Imagination mit Bildern der Sachen bereichert", verrät ein neues und für Sprache offeneres Organ. Die Betonung der Imagination und eine deutliche Bevorzugung des Visuellen und daneben die Neuauflage des im 17. Jahrhundert so heftig geführten Reimstreites unter Parteinahme für den reimfreien Vers gehören zu den Charakteristika der Discourse. Es ist die Saat, die später im Werk Klopstocks aufgehen sollte und die die so heftige Reaktion auf Gottscheds vorübergehende Vorherrschaft in der Dichtungstheorie vorbereitete.

3 JOHANN ULRICH KÖNIG (1698–1744), Untersuchung von dem guten Geschmack.

Bevor die Begriffe Vernunft und Urteilskraft in der Poetik der Aufklärung dominieren, beherrscht ihr Vorläufer, der Begriff des Geschmacks, die Diskussion. Wir sahen, daß er schon von Thomasius gebraucht wurde, allerdings hatte er noch nicht seine Eindeutschung gewagt. Eine Theorie des Geschmacks wurde in den zwanziger Jahren immer notwendiger, da das Pendel von den klassizistisch-normativen Renaissancepoetiken zum gegenteiligen Extrem, zum ‚Je ne sais

quoi' von Kunst, und zur Maxime ‚über Geschmack ließe sich nicht
streiten' auszuschlagen drohte. Diese Entwicklung konnte schon an
der gesellschaftlichen Position eines Kunstrichters und gar eines Hof-
poeten und -poetologen vom Schlage Königs rütteln. König erfaßte,
daß die schillernde Zwischenstellung des Wortes Geschmack zwischen
Empfindung und urteilendem Verstand diesen Begriff äußerst ertrag-
reich für eine zeitgemäße Poetik machte. Man konnte mit seiner Hilfe einen Weg zwischen der Starrheit überzeitlicher Kunstgesetze und
dem Chaos regelloser Kunsterfahrung suchen. Der Anstoß kam wie
schon bei Thomasius aus Frankreich: der extreme Sentimentalismus
von Crousaz[2] und Dubos[3] hatte mit seinem Postulat, das Gefühl allein
sei gegenüber Kunst urteilsbildend und könne überdies auf alle Regeln
verzichten, in Deutschland seinen vorsichtigen Vertreter in König
gefunden. In seinem Anhang zur Ausgabe der Canitzschen Gedichte
von 1727 versucht er seine Antwort auf jenes ‚de gustibus non dispu-
tandum' in deutlicher und zugegebener Nachfolge von Crousaz zu
geben. Sein Vermittlungsversuch zwischen Sentimentalismus und Rationalismus läßt ihn, ein wenig plump, die Metapher vom Geschmack
des Verstandes finden, den er als „die zusammen gesetzte Krafft der
Seele zu empfinden und zu urteilen" definiert. Der Geschmack ist
zwar kein ‚sechster Sinn', wie Dubos unvorsichtig gesagt hatte, aber
doch ein bestimmtes Derivat des Verstandes, der quasi den Geschmack
als seinen Abgesandten mit voller richterlicher Befugnis dem Kunstrichter zur Verfügung stellt. Das Problem des ‚de gustibus non dispu-
tandum' kommt einer Lösung näher durch die Unterscheidung in allgemeinen und besonderen Geschmack. So gelingt wenigstens ein Waf-
fenstillstand im Streit absoluter Werte mit den in Völkern und Epo-
chen so unterschiedlichen Realisationen von Kunst. Der allgemeine
gute Geschmack wird als eine letzte einheitbildende Abstraktion von
Kunst verstanden, als deren Superzeichen, das durch alle Verwirkli-
chungen von Kunst hindurch deren Einheit und damit die Einheit
der Menschen guten Geschmacks garantiert.

---

[2] Jean Pierre de Crousaz, Traité du Beau, Amsterdam 1715. Vgl.
hierzu Albert Riemann, Die Ästhetik A. G. Baumgartens, Halle 1928.
[3] Jean Baptiste Dubos, Réflexions critiques sur la Poésie, la Peinture
et la Musique, 1719.

4 ALEXANDER GOTTLIEB BAUMGARTEN (1714–1762), Meditationes

Von der Magisterarbeit Baumgartens, den ‚Meditationes‘, sagt Baeumler: „Das kleine, aber inhaltreiche Schriftchen ist von den Geschichtschreibern mit Unrecht vernachlässigt worden. Das hohe Lob, das Herder dem Werkchen gespendet hat [vgl. Suphan, 32. Bd., S. 178–192, Anm. d. Hrsg.], scheint mir kaum übertrieben. Die Meditationen sind nicht nur die bedeutendste ästhetische Arbeit im vorlessingschen und vorwinckelmannschen Deutschland, sondern überhaupt die selbständigste philosophische Leistung innerhalb der Schule Wolffs. Die ‚Aesthetica‘ ist nur eine Entfaltung der in den Meditationen enthaltenen Keime."[4] Die zum Zeitpunkt ihres Erscheinens revolutionäre Bedeutung der Schrift – wir sind mitten im ‚kritischen‘ Zeitalter der Poetik – steht in umgekehrtem Verhältnis zu ihrer Wirksamkeit. Zwar wurde sie vor allem im Kreise der Anakreontiker (Uz, Gleim, Pyra) zur Kenntnis genommen. Aber die ‚Meditationen‘ galten als dunkel, ihre in schwierigem Latein geschriebenen Thesen mußten Verzerrungen und Umdeutungen erfahren, die der Wirkungsgeschichte der Schrift nicht zugute kamen. So wurde Baumgartens berühmte Definition „Poema est oratio perfecta sensitiva" („eine vollkommene sensitive [= sinnliche] Rede ist ein Gedicht") immer wieder mißverstanden und Kunst als sinnliche Erscheinung von Vollkommenheit interpretiert. Unterstützt wurden solche Fehldeutungen durch Baumgartens nicht ganz eindeutige Definition der Schönheit in seiner ‚Aesthetica‘: „Aesthetices finis est perfectio cognitionis sensitivae qua talis. Haec autem est pulchritudo".[5] Anders als Gottsched popularisierte Baumgarten nicht die Leibniz-Wolffsche Philosophie, sondern bildete sie weiter. Dabei ging fast unmerklich ein Teilgebiet der herkömmlichen Erkenntnistheorie, die Lehre von den unteren Erkenntniskräften, in eine autonome Philosophia Poetica über. Entscheidend für den Gehalt der ‚Meditationen‘ ist das Auseinandertreten zweier für den normalen Sprachgebrauch fast synonymer Begriffe: Klarheit und Deutlichkeit. Die Absetzung der Poesie

---

[4]   Alfred Baeumler, Kants Kritik der Urteilskraft. Das Irrationalitätsproblem in der Ästhetik und Logik des 18. Jahrhunderts bis zur Kritik der Urteilskraft, Halle 1923, S. 213.
[5]   Alexander Gottlieb Baumgarten, Aesthetica. Bd. I–II, Hildesheim 1961, § 14.

von einer diskursiven, ‚deutlichen' Begriffssprache verschaffte jener einen eigenen Bereich autonomer Geltung, während die Verbindung von Poesie und Klarheit verhindern sollte, daß Dichtung als das Nicht-Deutliche mit dem Dunklen, Unverständlichen identifiziert wurde. Mit dieser Position reiht sich Baumgarten eher in die klassizistische als in die manieristische Tradition ein. Extensive Klarheit (im Gegensatz zur intensiven, die zur deutlichen Sprache der Logik gehört) meint Einprägsamkeit sensitiver Vorstellungen, klar umrissene Strukturierung der Mannigfaltigkeit im Kunstwerk (etwa im Sinne von ‚Farbigkeit'). Der Dichter erzielt sie, wie Baumgarten sagt, durch seine ‚lichtvolle Methode'.

5 JOHANN JACOB BREITINGER (1701–1767), Critische Dichtkunst

Man hat hin und wieder, verführt durch den heftigen Streit ihrer Schüler, den Gegensatz zwischen Gottsched einerseits und Bodmer und Breitinger andererseits überbetont. Bei allen Dreien finden sich Gemeinsamkeiten, die auf den großen Einfluß der Wolffschen Philosophie zurückgehen. Allerdings war es vor allem Breitinger gelungen, diese Einflüsse prononcierter und mit Hilfe der katalytischen Wirkung der englischen Kunstanschauungen (Addisons ‚Spectator') so umzumünzen, daß seine ‚Dichtkunst' bald den Ruf größter Fortschrittlichkeit erhielt. Breitingers Betonung der poetologischen Funktion des Neuen und seiner Steigerung, des Wunderbaren, war – immer im Rahmen aristotelischer Legalität – ein im deutschsprachigen Raum sehr erfolgreicher Versuch, die erdrückende Last des Nachahmungsdogmas wenn nicht abzuschütteln, so doch zu verkleinern. Im europäischen Bereich war das nur eine Stimme unter vielen, die innerhalb des aufkommenden Rationalismus für den Spielraum dichterischer Imagination sorgen wollten (in Italien hatte Muratori ähnliche Forderungen aufgestellt). Dabei kam die Leibnizsche These von den vielen möglichen Welten zu ihrer kunsttheoretischen Geltung. Gott hatte nur eine der unendlichen Möglichkeiten realisiert, und dem Künstler blieben die übrigen. ‚Imagination' hieß sein Vermögen in den Discoursen, ‚Einbildungskraft' zeigt als Eindeutschung wiederum den Sieg eines Begriffes an (vgl. bon goût – Geschmack). Man muß daran erinnern, daß schon in den Renaissancepoetiken Nachahmung mit Fiktion, mit der Nachahmung des bloß Möglichen zusammengebracht wor-

den war. Breitinger verweist mit Recht noch weiter zurück auf Aristoteles, der sogar zur Darstellung unmöglicher Dinge riet, wenn sie
nur wahrscheinlich, d. h. logisch irgend denkbar waren. So weit waren der Kunst immerhin die Grenzen seit alters her gezogen. Die
Bedeutung von Breitingers Theorie liegt weniger in ihren konservati-
ven Grundsätzen wie etwa des ästhetischen Axioms „Kunst = prodesse et delectare" („moralische Wahrheiten auf angenehme Weise
beybringen") als in der vergleichsweise kühnen Ausformulierung
alter Thesen. Man braucht nur den Vergleich der Poeten mit dem
witzig-wahnwitzigen Junius Brutus oder etwa die ungewöhnliche
Kombination ‚Ausschweifung der poetischen Phantasie' mit der Tugend der ‚Urtheils-Kraft' anzusehen, um den ideologischen Abstand
zu Gottsched zu empfinden.[6] Die Miltonverehrung der Schweizer
tat ein übriges, um sie in den Augen der Zeitgenossen als Besieger
des Leipziger Literaturdogmatikers gelten zu lassen. Wir sehen erst
heute, daß in Details ihrer Theorie wie der Einführung des Schein-
Begriffes, dessen spätere Entwicklung bis hin zur Kantischen Theorie
des ‚als-ob' zu verfolgen ist, die eigentlich in die Zukunft weisenden
Gedanken lagern. Mit der Ausgewogenheit konservativer und neuer
Thesen versuchte die ‚Dichtkunst' Breitingers selbst genau jenen Ba-
lanceakt, den sie vom Dichter auf dem schmalen Grat zwischen
Vernunft und freier Phantasie verlangte.

6 JOHANN CHRISTOPH GOTTSCHED (1700–1766), Versuch
einer Critischen Dichtkunst

Was für König Crousaz und Dubos waren, ist für Gottsched Boileau. Ihm geht es nicht wie König um die Überwindung eines überalterten Renaissanceklassizismus, sondern bereits wieder um die Re-
tardierung solcher Überwindungsversuche: schon 1730 tritt Gottsched
mit der ersten Auflage seiner ‚Critischen Dichtkunst' zur Rettung

---

[6] H. P. Herrmann rechnet in seinem Buch ‚Naturnachahmung und
Einbildungskraft' Gottsched dem nachbarocken Klassizismus und den
Schweizer der eigentlichen Frühaufklärung zu. Den Unterschied macht
Herrmann an ihrer divergenten Fassung des Naturnachahmungsbe-
griffs glaubhaft. Gottsched meine mit Naturnachahmung ein ‚regula-
tives Prinzip der inventio' (formal), die Schweizer sähen darin die
„substantielle Ausrichtung der Poesie auf die dem Menschen gegebene, in ihrer Eigenart erst noch auszumachende Wirklichkeit" (inhalt-
lich). Vgl. H. P. Herrmann, S. 276.

der durch die Geschmackstheorie gefährdeten Objektivität im Urteil über Kunst an. Die Folge war eine Verlängerung des nachbarocken Klassizismus, der nun unter dem sorgfältig systematisierten Dogma der Naturnachahmung alles bekämpfte, was die Tendenz der Subjektivität verriet. Wirkungsgeschichtlich verlief dieser Rettungsversuch nicht ohne Tragik. Er führte schnell zur Isolierung und Befehdung des Leipziger Literaturpapstes und hat sein Bild bis heute mit philiströsen Zügen versehen. Im Gegensatz zu den Schweizern blieb Gottscheds Wirkung auf etwa 15 Jahre (1725–1740) beschränkt. Seine Poetik war ein verfrühter und mit unzureichenden Mitteln (denen der Wolffschen Untergliederungskunst) unternommener Versuch, das zu leisten, was Kant später so viel differenzierter zu leisten beanspruchte: Objektivität im ästhetischen Urteil herzustellen zu einer Zeit, deren Geist bereits hellhörig geworden war gegenüber der Relevanz subjektiver Momente für dieses Problem. Gottscheds Bereitschaft, der das Feld der Kunstkritik damals beherrschenden Terminologie entgegenzukommen, veranlaßte ihn, ein ganzes Kapitel über den guten Geschmack zu schreiben. Hatte König mit diesem Begriff subjektive und objektive Momente, Empfindung und Urteil, zu integrieren versucht, wird durch Gottsched der Geschmack zum bloßen Erfüllungsgehilfen der Vernunft degradiert. Sein Glaube, Natur sei an sich selber schön, gibt ihm den metaphysischen Freibrief zur Behauptung absoluter Regeln. Naturschönheit wird zum objektiven Grund von Kunstschönheit. Wie auf einer gnostischen Stufenleiter erfolgt die Ableitung des guten Geschmacks in vier Schritten: von der höchsten Stufe, den ‚Sachen‘, kommt man zur Vernunft, von ihr zu den Regeln und dann zur untersten Stufe, zum guten Geschmack. Mit der Schönheit der ‚Sachen‘ ist deren quasi-göttliche Organisation gemeint (hier lebt mittelalterliches Denken fort: die Dinge als Sprache Gottes). Guten Geschmack haben heißt, am Göttlichen der Welt partizipieren. Dies ist ein grober Vorklang der Kantischen These, ein schöner Gegenstand sei geartet, ‚als ob‘ ihn ein überirdischer Intellekt zum Behufe der harmonischen Organisation der Erkenntnisvermögen geschaffen habe.[7]

Es genügt nicht, Gottsched gegenüber den Schweizern als Traditionalisten abzuwerten. Seinen Begriff der poetischen Wahrscheinlichkeit z. B. trennt nur eine Nuance von Breitingers poetischer Wahrheit. Ja, die durch die Tradition notwendig gewordene

---

[7] Vgl. Immanuel Kant, Kritik der Urteilskraft, § 9.

Aufnahme der G a t t u n g Fabel (nicht zu verwechseln mit dem poetologischen Begriff der Fabel) in sein System zwingt Gottsched zu einer Differenzierung des Begriffs der poetischen Wahrscheinlichkeit, die den Breitingerschen Parallelausdruck an Modernität noch übertrifft. Um die redenden Tiere der altehrwürdigen Gattung Fabel zu legitimieren, muß Gottsched gegen die Tendenz seines Systems die Neigung des Wahrscheinilchkeitsbegriffs, in crude Realitätsschilderung einzumünden, bekämpfen. Er tut es mit Hilfe von Adjektiven: p o e t i s c h e Wahrscheinlichkeit und als Steigerung h y p o t h e t i - s c h e Wahrscheinlichkeit. An keiner Stelle kommt Gottsched in seiner Poetik weiter als in diesem Begriff. Die hypothetische Wahrscheinlichkeit tendiert als Kategorie zu einem Ausdruck für immanente Logik von Dichtung. Sie meint so viel wie „in sich wahrscheinliche Welt von Dichtung", die nach außen hin höchste Unwahrscheinlichkeit riskieren darf. Auch von Gottsched aus führt also ein Weg in Richtung späterer ‚immanenter Ästhetiken', wie etwa der von Karl Philipp Moritz.

7 J OHANN E LIAS S CHLEGEL (1718–1749), Abhandlung, daß die Nachahmung der Sache, der man nachahmet, zuweilen unähnlich werden müsse

Am 2. Dezember 1741 hielt der Gottschedschüler J. E. Schlegel in der Gottschedschen Rednergesellschaft einen Vortrag, der den Beweis erbringen sollte „daß die Nachahmung der Sache, der man nachahmet, zuweilen unähnlich werden müsse". Abgedruckt wurde die Rede erst 1745 im ersten Band der ‚Bremer Beyträge' (5. Stück, S. 499–511), doch das Datum ihrer ersten Publikation zeigt, wie früh das begann, was Markwardt in seiner ‚Geschichte der deutschen Poetik'[8] mit ‚Auflockerungspoetik' bezeichnet. Man mag sich darüber streiten, ob hier alte Positionen aufgelockert oder neue mühsam gewonnen werden, wichtig für den Gang der Dinge ist die Tatsache, daß der abtrünnige Gottschedianer Schlegel, der von den Schweizern begeistert adaptiert wurde und der sich seit 1743 auf dem neutralen Boden Dänemarks aufhielt, mit seinem Aufsatz die kritische Reflexion des Nachahmungsdogmas einleitet. Damit wird er zum Pionier

---

[8] Bruno Markwardt, Geschichte der deutschen Poetik. II: Aufklärung, Rokoko, Sturm und Drang, Berlin 1956 (= Grundriß der german. Philologie. Bd. 13/II).

einer dritten Generation von Poetologen der Aufklärung, die nicht mehr ihren gedanklichen Fortschritt unter den Fahnen altehrwürdiger Dogmen betreiben, sondern diese selbst zum Gegenstand ihrer Kritik machen. Alles, was bisher an Differenzierung des Nachahmungsstandpunktes geleistet worden war, hatte am Prinzip selbst nicht gerüttelt. Schlegel entheiligt es (ohne sich darüber klar zu sein), indem er es vom Naturgesetz der Kunst zum bloßen methodischen Begriff der Reflexion über Kunst umbildet. Er spricht aus, was Gottsched unklar empfunden hatte, wie dessen uneingestandene Abwehrversuche (‚hypothetische Wahrscheinlichkeit‘) solcher Gefahr zeigen: daß die Hypostasierung des Nachahmungsgrundsatzes alle Kunst letztlich zu minderer Realität erklärt oder den Gegenstand selbst zum optimalen Kunstwerk erhebt. Bei einem so verstandenen Nachahmungsprinzip ist es nach Schlegel in der Tat besser, man zeigt den Leuten nicht das Bild eines Gartens, sondern führt sie in den Garten selbst. An die Stelle des dualistischen Systems ‚Gegenstand‘ – ‚Kunstwerk‘, innerhalb dessen bei Gottsched wie bei den Schweizern das Subjekt keine rechte Funktion zugewiesen bekommt, setzt Schlegel sein triadisches System von ‚Vorbild‘, ‚Begriff‘ und ‚Bild‘. Vorbild und Bild konstituieren den ebenfalls neuen Terminus der Ähnlichkeit, der an die Stelle der von den Schulen geforderten Gleichheit von Gegenstand und Nachahmung tritt. Der Begriff der Ähnlichkeit setzt den Akzent auf Spannung, auf Dissonanz zwischen Vorbild und Bild, während Gleichheit, wie wir sahen, Kunst und Realität kurzzuschließen droht. Schlegel trägt erneut und diesmal mit eher philosophischer als anthropologischer Konsequenz der Rolle Rechnung, die das Subjekt im ästhetischen Prozeß spielt. Die Begriffe des Menschen weichen oft genug von der historischen Realität ab und bedingen allein dadurch Elemente von Unähnlichkeit im Kunstwerk. Unähnlichkeit und Ähnlichkeit kommunizieren im Kunstwerk auf eine vergnügende Weise, die etwa folgendem Schema entspricht:

Die ausschließende Betrachtung des Kunstwerks unter dem Aspekt des Vergnügens ist das zweite Neue an Schlegels Aufsatz. Das ‚prodesse et delectare', dem Gottsched wie die Schweizer traditionsgemäß anhingen, hat sich auf ein ,delectare' verkürzt. Damit ist historisch der Prozeß eingeleitet, der die Schönheit in Gegensatz zum Nützlichen bringen wird: bei Moritz in die Nachbarschaft des Unnützen, bei Kant zur Reinheit des interesselosen Wohlgefallens.

8   Johann Elias Schlegel, Abhandlung von der Nachahmung

Die ,Abhandlung von der Nachahmung' erschien in drei Teilen: im 29. Stück von Gottscheds ,Critischen Beyträgen' (1742), im 31. Stück dieser Zeitschrift (1743) und im 5. Stück des ersten Bandes des ,Neuen Büchersaals' (1745). Die mangelhafte Wirkung des Aufsatzes wird jedoch nicht nur durch diese unglückliche Publikationsweise erklärt. Schlegel beschäftigt sich darin primär mit dem W i e von Nachahmung. 1746 erschien jene Reduktion der Künste auf einen einzigen Grundsatz,[9] in dem Batteux auf publikumswirksame Weise das W a s von Nachahmung handgreiflich machte. Diese unglückliche Nachbarschaft verursachte, daß erst z. B. Mendelssohn die Bedeutung der Schlegelschen Schrift erkannte. Sie wurde wahrscheinlich angeregt durch Breitingers ,Critische Abhandlung von der Natur, den Absichten und dem Gebrauche der Gleichnisse'.[10] Hier hatte Schlegel den Begriff der partiellen Ähnlichkeit in seinem Sinne vorformuliert gefunden. Im Kapitel ,Von den erleuchteten Gleichnissen' heißt es: „... inmassen eben nicht erfordert wird, dass die Dinge, die in Vergleich kommen, in allen oder den meisten besondern Stücken miteinander übereinstimmen. Daneben gehört auch mehr Witz dazu, einige Ähnlichkeit zwischen gantz verschiedenen ... Dingen zu entdecken."[11] Was hier anläßlich eines Spezialthemas (,Gleichnisse') angedeutet wird, baut Schlegel zu einem Begriffskomplex aus, den er in großen Zügen bereits in seiner ,Abhandlung, daß die Nachahmung ...' vorstellte (s. d.). Den Begriff der Nachahmung reserviert er für die Handlung des Nachahmens, Nachahmung im Sinne von Dichtung nennt er ,Bild' u. s. f. Die Reduktion des Nachahmungsprinzips auf die bloße Bedingung partieller oder partikulärer Ähnlichkeit gestattet es Schle-

---

[9]   Charles Batteux, Traité des beaux arts réduits à même principe, Paris 1746.
[10]   Zürich 1740
[11]   Ebd. S. 11.

gel, Phänome wie Stilisierung und Abstraktion zu rechtfertigen. Daneben legt er großen Wert auf eine saubere Unterscheidung von Bild und Bildsubjekt, modern ausgedrückt, von Zeichen und Zeichenträger, von ästhetischer Information und ihrem Mittel, dem realen Zeichen. Beides, Partikularität von Ähnlichkeit und Eigenwertigkeit des Bildsubjektes eröffnen Bereiche, wo das Nachahmungsdogma nicht mehr gilt. Ein anderer, heute in der Texttheorie etwa Max Benses[12] wieder zu Ehren kommender Begriff Schlegels ist der der Ordnung. Erkenntnis von Ordnung als Bedingung ästhetischer Erfahrung setzt nach ihm voraus, daß Bild und Vorbild, bzw. dessen Begriff, nicht – wie es Gottsched und die Schweizer forderten – konvergieren, sondern gerade in ihrer Verschiedenartigkeit erfaßt werden. Es ist eine produktive Spannung zwischen dem Werk und seinem Sujet, die das ästhetische Erlebnis stimuliert. Auf keinen Fall geht vom Sujet die primäre Wirkung aus. So wird ein Chaos allein durch seine Abbildung zur Ordnung, denn das Fehlen einer Ordnung seiner Teile und die Spiegelung dieses Mangels im Bild erzeugen eine der Kunst eigentümliche Relation, die den Namen der Ordnung verdiene. Fast schon im Sinne Kants rückt Schlegel also den Begriff, den er auch Vorstellung nennt, zwischen Sache und Bild und verlegt dadurch die für das Urteil über Kunst relevante Relation (Ähnlichkeit von Begriff und Bild) ins Sujet, dessen Wandelbarkeit in Begriffen und Vorstellungen zusätzlich ein historisches Moment ins poetologische Kalkül einbringt.

9   JAKOB IMMANUEL PYRA (1715–1744), Fortsetzung des Erweises ...

Die von den Gottschedianern Mylius und Cramer herausgegebenen ‚Bemühungen zur Beförderung der Kritik und des guten Geschmacks‘[13] veranlaßten Pyra, 1743 seinen ‚Erweis, daß die Gottschedianische Sekte den Geschmack verderbe‘, erscheinen zu lassen. Es ist die wohl bedeutendste Parteinahme im Streit der beiden Schulen, wobei sich die Gottschedianer bereits den Ausdruck Sekte gefallen lassen mußten. Die Zeit ihrer größten Wirkung war vorbei, und sie mußten enger zusammenrücken. Ihre Gegner ließen sich hingegen kaum unter dem Begriff etwa der Schweizer Schule subsumieren. Zwar hatte Bod-

---

[12] Vgl. z. B. Max Bense, Zusammenfassende Grundlegung moderner Ästhetik, in: Mathematik und Dichtung, München 1965.
[13] Halle 1743f.

mer das Freundespaar Pyra und Lange begeistert begrüßt,[14] denn er mußte in ihren reimfreien Gesängen die Verwirklichung der von ihm und Breitinger aufgestellten Dichtungstheoreme sehen, aber er fand in ihnen nichts weniger als Schüler. Wie im Falle Schlegels waren auch bei Pyra schulische Denkformen zu sehr in Bewegung geraten. Als Beispiel mag die im Todesjahr Pyras erscheinende ‚Fortsetzung des Erweises‘ gelten, die eine der ersten werkimmanenten Dichtungskritiken der deutschen Literaturgeschichte enthält. Pyra wendet hier auf Gottscheds ‚sterbenden Cato‘ jene Regelhaftigkeit an, die sein Autor selbst verfocht. Dabei gelingt es ihm, Gottsched mit den eigenen Waffen zu schlagen, wobei sich Theorie und Praxis gegenseitig aus den Angeln heben. Zukunftsweisend ist diese Werkkritik in zwei Punkten: Erstens in der Auflockerung der berühmt-berüchtigten Regel von den ‚Drei Einheiten‘. Zu Pyras Zeiten galt sie als geheiligtes Aristoteles-Wort. Einheit von Zeit, Ort und Handlung waren schlechthin konstitutiv für das Drama. Heute wissen wir, daß diese Regel auf Kosten der Aristoteleskommentatoren des 16. Jahrhunderts geht (Castelvetro), im Falle Pyras kam es jedoch einer Auflehnung gegen die unumstrittene Autorität auf dem Felde der Poetik gleich, wenn er schrieb: „Die drei Einheiten machen noch kein Schauspiel vollkommen“ (S. 103). Zukunftsweisend ist zweitens Pyras Rückgang auf Aristoteles selbst. Statt dessen Ausleger zu bemühen, versucht er, mit Hilfe der aristotelischen Begriffe von Handlung, Mitleid und Schrecken ein ‚regelmäßiges‘ (im Gegensatz zu einem ‚regeltreuen‘) Drama zu konzipieren. Er wird dadurch zum Vorläufer von Lessing.

10 C. F. BRÄMER, Gründliche Untersuchung ...

Als völliger Außenseiter hatte der Danziger Poetologe Brämer die Chance, mit damals seltener Distanz zum Streit der Schulen ein eigenes poetologisches Konzept zu entwickeln. Erstaunlich ist seine der Forschung vorgreifende Beurteilung dieses Streites zu einer Zeit, als er sich auf dem Höhepunkt befand: „Selbst des Herrn Bodmers und Breitingers Gedanken sind so sehr von denselben [Gottscheds, Anm. d. Hrsg.] nicht unterschieden, als uns einige Umstände zu überreden scheinen.“ In Brämers Differenzierung zweier Typen von Erdichtung, der Fabel, die ein Nacheinander, und des Dichtungsbildes,

---

[14] Vgl. Bodmers Vorrede zu ‚Thiris und Damons freundschaftliche Lieder‘, 1745.

das ein Zugleich von Elementen darstellt, sieht Markwardt nicht zu Unrecht eine Vorwegnahme der Begriffe ‚Sukzession‘ und ‚Koexistenz‘, die Lessing in seinem Laokoonaufsatz explizierte. Wichtiger als solche Vorläuferschaft ist die Brauchbarkeit eines für den damaligen Stand der Diskussion ungewöhnlichen Begriffs wie ‚Dichtungsbild‘. Im Gegensatz zu Ausdrücken wie ‚Nachahmung‘, ‚Wahrscheinlichkeit‘ usw., die als relationale Begriffe alle von außerdichterischen Axiomen und Postulaten infiziert sind, visiert der Begriff des Dichtungsbildes viel direkter das Phänomen ästhetischer Wirkung an. An solchen immanent-ästhetischen Termini ist die von Philosophie und Rhetorik seit je überwanderte Poetik äußerst arm, und es muß bedauert werden, daß Brämers Vorstoß in diese Richtung kaum Nachahmer fand. Auch in der Handhabung des Wahrscheinlichkeitsprinzips, dessen axiomatischer Charakter damals noch ungebrochen war, ist Brämer freier als seine Zeitgenossen. Statt mühsam das Wunderbare zum vermummten Wahrscheinlichen umzuinterpretieren oder aus der Not der bestehenden Dichtungen heraus Begriffe wie den des hypothetisch Wahrscheinlichen zu konstruieren, erklärt er einfach, Erdichtungen könnten unwahrscheinlich sein, wenn sie eben keine „würkliche Geschichte vorstellen sollen“. So einfach gelingt ihm die Liquidierung alter Dogmen, daß man weniger an deren als an Brämers Naivität glauben möchte.

11   Georg Friedrich Meier (1718–1777), Anfangsgründe aller schönen Wissenschaften

Man kann sagen, daß fast bis zur Mitte des 18. Jahrhunderts die poetologische Diskussion von den großen kritischen Dichtkünsten Gottscheds und der Schweizer und verschiedenen kleineren Aufsätzen bestimmt wird, in denen eine jüngere Generation die Thesen der älteren auflockert oder angreift. Mit Georg Friedrich Meier beginnt eine neue Phase dieser Diskussion: der kritischen Phase folgt die ästhetische, in der das Gewicht von den praktischen Kunstregeln und wirkungspoetologischen Thesen weg auf eine allgemeine, erkenntnistheoretisch akzentuierte Begründung des Kunsturteils verlegt wird. Der eigentlich Verantwortliche für diese Entwicklung ist der Wolffschüler Baumgarten. Er hatte in seinen ‚Meditationen‘ (s. o.) die kopernikanische Wende vom kritischen Reden über Kunst zur ästhetischen Wissenschaft vollzogen, indem er statt eines rationalistisch verstandenen Kunstobjekts (für Gottsched war Schönheit in der „richtigen

Abmessung, daraus ein Ding besteht" begründet) den subjektiv ver-
mittelten ästhetischen Gegenstand, der Allgemeinheit mit Individualität in sich vereinigte, zur Kategorie erhob. Baumgartens erkenntnis-
theoretischer Ansatz erwies sich als Hebel, mit dem das dogmatische
Regelgebäude der Kritiken, in denen stärker als den Zeitgenossen bewußt die Dichtungstheorie des 16. und 17. Jahrhunderts nachklangen,
besser aus den Angeln zu heben war als durch die aus der Praxis
gewonnenen Zweifel der theoretischen Dichter von der Art Elias
Schlegels. Die radikale Frage nach einer Fundierung des ästhetischen
Urteilsvermögens führte zu dessen Abspaltung von den oberen Erkenntniskräften, der Logik. Damit war für die Kunsttheorie zum er-
stenmal in ihrer Geschichte das freie Terrain entstanden, das z. B.
Gottsched, dem strengen Verfechter einer Oberherrschaft der Logik,
noch nicht zur Verfügung gestanden hatte. Meier hat das lateinisch
geschriebene Hauptwerk seines Lehrers, die ,Aesthetica', in deutscher
Sprache in leicht faßlicher Form unter dem obigen Titel verbreitet
und wurde dadurch für dessen Wirkung fast allein verantwortlich.
Die ,Aesthetica' selbst blieb praktisch eine ungelesene Schrift. Selbst
Kant soll nur die ,Anfangsgründe' gekannt haben. Der Schüler wurde
somit zum Lehrer einer Epoche. Baeumler hat ihn nicht ohne Grund
den ,Gottsched der neuen Generation' genannt.[15]

Der häufige Gebrauch des Begriffes der Sinnlichkeit in Meiers
Schrift verrät, worum es ihm geht: um dessen Rehabilitierung, seine
Befreiung von jener herkömmlichen, pejorativ gemeinten Zuordnung
zu den unteren Erkenntniskräften. Diese Zuordnung wird zwar unter
dem Druck der noch ungebrochenen Wolffschen Philosophie beibe-
halten, jedoch haben Baumgarten und in seinem Gefolge Meier die
unteren Erkenntniskräfte für die Ästhetik gerettet, indem sie sie zu
einer autonomen Kategorie, zum ,analogon rationis' zusammenfaßten.
Der Kunstrichter wird zum eigentlichen Repräsentanten dieser Kraft.
Die Verlagerung des Interesses vom Kunstwerk bzw. vom Dichter zu
ihm[16] zeigt, wie sehr inzwischen der erkenntnistheoretische Ansatz
dominiert. An die Stelle der Frage nach dem W i e von Dichtung
tritt die Frage nach dem W o h e r des ästhetischen Urteils. Im Zuge
ihrer Beantwortung wird der Kunstrichter zum ,ästhetischen Menschen' aufgewertet, der eine neue Form der ,Delicatesse' verkörpert

---

[15] Baeumler, S. 102.
[16] Vgl. G. F. Meiers Schrift: Abbildung eines Kunstrichters, Halle
1745.

und damit endlich das Programm des Thomasius erfüllt: die Harmonie von oberen und unteren Erkenntniskräften zu personifizieren. Der gute Geschmack verträgt sich nicht mehr mit dem ‚je ne sais quoi‘, er wird zur Basis des Verstandes. Ein Streit beider Vermögen ist in jedem Fall zu schlichten. Vom Verstand her Vollkommenheit und vom Geschmack her Sinnlichkeit: beider Integration gewährleistet Kunst. Die verwandten Begriffspaare heißen ‚Gesetzmäßigkeit‘ und ‚Individualität‘ bzw. ‚Einheit‘ und ‚Mannigfaltigkeit‘. Aus ihrer Ehe entsteht die ‚ästhetische Wahrheit‘, ein Begriff der als der legitime Nachfolger von Gottscheds poetischer Wahrscheinlichkeit und Breitingers poetischer Wahrheit zu gelten hat.

12 JOHANN CHRISTOPH GOTTSCHED, Auszug aus des Herrn Batteux Schönen Künsten

Als Batteux 1746 seine so erfolgreiche Poetik erscheinen ließ, konnte Gottsched in ihm einen Anwalt seiner eigenen, nun schon fast zwanzig Jahre alten Ideen begrüßen. Die Übersetzungen durch Adolf Schlegel (1751) und durch Ramler (1756/1758) hatten Batteux in Deutschland einen nachhaltigen Erfolg beschert, und da die Entwicklung der zeitgenössischen Poetologie Gottscheds Einfluß immer mehr zurückzudrängen begann, sah er die günstige Gelegenheit, durch eine eigene Bearbeitung des Batteux sich noch einmal Gehör zu verschaffen. Sein Versuch einer weiteren Reduktion der Batteuxschen Reduktion der Künste auf einen einzigen Grundsatz führte zu einem Thesenkanon, der in seiner Prägnanz gerade die Überalterung des Gottschedschen Standpunktes fibelmäßig demonstriert. Neben dem Nachahmungsbegriff wird mit dem ‚Witz‘ ein Schlagwort der zwanziger und dreißiger Jahre erneut präsentiert. Es war dies ursprünglich ein Wort, das den französischen Modeausdruck ‚esprit‘ übersetzen sollte und das durch Wernicke um die Jahrhundertwende und dann vor allem durch Wolff[17] zu einem Spezialbegriff der ästhetisch-philosophischen Psychologie ausgestaltet wurde. Der Witz ist nach Wolff die Fähigkeit, Ähnlichkeiten, Analogien zu erkennen und zu erzeugen. Er gehört neben der Einbildungskraft und dem Scharfsinn (imaginatio und acumen sind altbekannte Begriffe der ars rhetorica) zu den Voraussetzungen des ‚Erfindens‘ (inventio) und im weiteren Sinne

---

[17] In seinen Vernünfftigen Gedancken von Gott, der Welt und der Seele des Menschen ..., Frankfurt 1720.

zu den Kardinaltugenden des Dichters (ingenium). Als Begriff ist er deutlich vom Verstand, d. h. von der Fähigkeit, Schlüsse zu ziehen, unterschieden und kann im Verlauf der Entwicklung als rationalistisches Analogon des ‚esprit‘ in den Bereich ästhetischer Reflexion abwandern. Gottsched ist der Hauptinitiator dieser Begriffsbewegung. Während er den ‚Witz‘ betont, legen die Schweizer in richtiger Einschätzung der Zeitstimmung das Hauptgewicht auf die Einbildungskraft. Abwehr (Gottsched) und Weiterführung (Bodmer, Breitinger) der englischen Poetologie bewirken in solch unterschiedlicher Prononcierung zweier Begriffe der Wolffschen Philosophie das Schisma, das die Diskussion bis zur Mitte des Jahrhunderts kennzeichnet. Als die Übersetzungen des Batteux erscheinen, ist diese Phase beendet. Das wird deutlich, wenn Schlegel als Vertreter des neuen Denkens den Batteuxschen Ausdruck ‚génie‘ vorausschauend mit ‚Genie‘ übersetzt, während Ramler dafür neutral ‚Geist‘ und Gottsched, veraltet, ‚Witz‘ einsetzt.

13 JOHANN ADOLF SCHLEGEL (1721–1793), Abhandlungen zu Batteux

J. A. Schlegel, der Vater der Romantiker, gehört wie sein älterer Bruder zu den Essayisten, die das Ende einer unter dem Nachahmungsdogma stehenden Phase der Aufklärungspoetik einleiten. Hatte Elias Schlegel bei größerer zeitlicher und ideologischer Nähe zu Gottsched dessen Poetik noch mit ihren eigenen Waffen attackiert, kann Adolf Schlegel dem Nachahmungsprinzip in den seiner Batteuxübersetzung beigegebenen Abhandlungen frontal begegnen. Er tut es vielleicht am ertragreichsten in der zweiten Fassung seiner Abhandlung ‚Von dem höchsten ... Grundsatze der Poesie‘ (1759). Bemerkenswert ist darin die häufige Verwendung des Ausdrucks ‚Herz‘, der im Pietismus, im französischen Sentimentalismus (Dubos: ‚Sprache des Herzens‘) und bei den Schweizern seine Vorgeschichte hatte. Unter dem Eindruck von Klopstocks Poesie beginnt das Herz jetzt den Witz terminologisch zu ersetzen, so wie dieser einst den Verstand als Sitz des ästhetischen Vermögens überwunden hatte. Wenn Schlegel sagt, daß Oden die „wirklichen Empfindungen unseres Herzens" ausdrükken, statt Produkte von bloßer Nachahmung zu sein, wenn er weiter positiv vom Eigensinn des Genies redet und sodann mit der ‚idealen Wahrheit‘ eine Weiterentwicklung der ‚ästhetischen Wahrheit‘ (s. o.)

inauguriert, dann befinden wir uns hier nicht nur am Übergang vom Rationalismus zur Empfindsamkeit. Der Begriff der ‚idealen Wahrheit' ist durchaus ein Vorklang der klassischen Ästhetik, ebenso wie Schlegels Versuch, eine autonome Ordnung innerhalb von Dichtung mit dem Wort von der Eurythmie der Sprache (= ästhetische Harmonie) zu umschreiben. In Richtung des Sturm und Drang weist hingegen sein Plädoyer für die ‚unangenehmen Vorstellungen' (Furcht, Schrecken, Angst, Traurigkeit und Abscheu). Der Baumgartensche Begriff des Sensitiven wird durch Schlegel wieder aus seiner erkenntnistheoretischen Sphäre herausgeholt und zur besonderen ästhetischen Qualität von Kunstwerken erhoben. Nicht die Empfindung selbst ist sinnlich, sondern Sinnlichkeit ist f ü r die Empfindung, und zwar in einem doppelten Sinne: für die äußerliche Empfindung (Einbildungskraft) und für die innerliche Empfindung (Seele). Von dieser zwiefachen Wurzel leitet sich die Poesie der Malerei und die der Empfindung ab. Beides, das ins Auge Reden und das ins Herz Reden, gehört nach Schlegel zu den legitimen Möglichkeiten von Dichtung. Der alte Streit um das Verhältnis von Malerei und Dichtung erfährt hier einen seiner originellsten Lösungsversuche.